HISTORY
WHY IT MATTERS

Lynn Hunt

人文社会科学为什么重要

历史学
为什么重要

〔美〕林·亨特 著　　　　　李果 译

北京大学出版社
PEKING UNIVERSITY PRESS

著作权合同登记号 图字：01-2019-1109

图书在版编目（CIP）数据

历史学为什么重要 /（美）林·亨特著；李果译. —北京：北京大学出版社，2020.9

（人文社会科学为什么重要）

ISBN 978-7-301-31504-0

Ⅰ.①历… Ⅱ.①林…②李… Ⅲ.①史学 Ⅳ.①K0

中国版本图书馆 CIP 数据核字（2020）第 153512 号

History: Why It Matters, by Lynn Hunt, first published in 2018 by Polity Press
© Lynn Hunt 2018
This edition is published by arrangement with Polity Press Ltd., Cambridge
Simplified Chinese Edition © 2020 Peking University Press
All Rights Reserved

本书简体中文版专有翻译出版权由 Polity Press 授予北京大学出版社

书　　　名	历史学为什么重要 LISHIXUE WEISHENME ZHONGYAO
著作责任者	〔美〕林·亨特 著　李 果 译
责 任 编 辑	李学宜
标 准 书 号	ISBN 978-7-301-31504-0
出 版 发 行	北京大学出版社
地　　　址	北京市海淀区成府路 205 号　100871
网　　　址	http://www.pup.cn　　新浪微博：@ 北京大学出版社
电 子 信 箱	pkuwsz@126.com
电　　　话	邮购部 010-62752015　发行部 010-62750672 编辑部 010-62752025
印 刷 者	北京中科印刷有限公司
经 销 者	新华书店
	890 毫米×1240 毫米　32 开本　6 印张　82 千字 2020 年 9 月第 1 版　2022 年 6 月第 3 次印刷
定　　　价	45.00 元（精装）

未经许可，不得以任何方式复制或抄袭本书之部分或全部内容。

版权所有，侵权必究

举报电话：010-62752024　电子信箱：fd@pup.pku.edu.cn

图书如有印装质量问题，请与出版部联系，电话：010-62756370

目 录 CONTENTS

中译版序 /001

第一章 历史从未如此重要
- 信口雌黄 / 004
- 纪念物 / 009
- 教科书争议 / 015
- 记忆之战 / 024
- 公众史学与集体记忆 / 031

第二章 历史真相
- 事实 / 040
- 阐释 / 048
- 历史真相与欧洲中心主义 / 052
- 暂时的真相 / 067

第三章 历史中的政治
- 精英历史 / 080
- 另辟蹊径 / 084
- 别开生面 / 090
- 历史与公民身份 / 099

| 第四章
史学的未来 | 全球的历史 / 114
尊重的伦理 / 129 |

延伸阅读 / 143

索　引 / 150

中译版序

如果您在过去 20 年中了解过一些新文化史研究,或者知晓当代国际史学理论研究的动向,那么,对本书的作者林·亨特就该比较熟悉了。其诸多著作的中文译本,已经在中国史学界驰骋 20 年。不过,这本 2 年前出版的小书,却不是为历史学家们写的,林·亨特的理想读者是公众。

想象一下,作者在 2018 年,73 岁时,目光投向世界上发生的新事物,她会很容易用数十年历史学专业研究练就的犀利目光,穿透事物的表象,直刺那些事物起源的历史深处来加以理解。当你带着这样一种技能,或者说得好听一些,带着这样一种从历史学中获得的智慧,看到一个时而失序的世界，不免会产生焦虑，要再一次问自己：历史学有用吗？为什么还有那么多人不能合理地运用历史，或者正在滥用历史？

其实，本书的题名"历史学为什么重要"就是对"历史学有用"的论证。当然，这是一个简化版的证明，以帮助公众了解历史学的奥秘。这就像一位魔术师，要向观众解密几个经典魔术的障眼法。

林·亨特知道公众读者的时间宝贵，她只要想办法激发读者了解历史学奥秘的好奇心即可。想进一步探索的读者，可在本书附录的延伸阅读书目中按图索骥，发展兴趣。所以，一本小书够了。

一本小书，要直面历史学科存在的合法性这个大问题。林·亨特的叙述逻辑非常清晰。

关于政客言论的真伪、强拆历史纪念物、各种历史教科书争议、社交媒体上的历史观战斗，拿起这本小书的读者，有谁没有见识过这些？又有谁可自信地安抚所有愤恨？这些都是现实中冒出来的历史问题，谁都难以逃避，除非整个社会回归雕版印刷时代。

这些问题，都必定由历史真相而引起。可是，人们是否知道，历史的真相并不是天然存在着的；它与存在或新发现的历史文献相关，与历史学研究中的证据概念及证明方式相关，与历史学家的建构性阐释相关，与历史学家的各类自我认同／身份相关。

既然如此，认同／身份离不开立场与政治。在西方，近代历史学的发展本身就与政治密不可分，只不过原来历史作为政治家的学校，现在已经向作为公民身份的学校转变了。这是林·亨特的识见。依循历史学与政治相关性的分析，林·亨特确信，历史学的重要性就在帮助人们揭穿谎言，进而，历史学通过不断为身份竞争提供新的领域而巩固民主社会。

我们不能忘记 2018 年的美国和世界，这是林·亨特身处的情境，在这个时刻，她相当于把历史学定性为社会稳定的基石，至少对于美国那个社会是如此。这个回答，足以引起相关社会读者对于历史之重要性的关注。

然而，2018年的美国，之前与之后，不是也出现了第一章中所谈到的诸多令人困惑的问题吗？仅仅知道这些问题关涉历史真相、存在政治意识，这并没有解决它。林·亨特相信，解决之道还要到蕴涵了历史观和史学观的史学方法论里去探寻。她提出，我们需要一种整体地球时间，以丰富范例史观和进步史观；我们需要把握历史学中运用现在主义的剂量，才能平衡历史学针对过去、现在和未来所表现的各种倾向性，从而保持自身对于历史的尊重，又不会因迷恋过去而忽视现实的诉求。

林·亨特的叙事，保持着历史学家的执着。她在摆出事实、提出问题后，分析中都少不了学术史的脉络。这不只是一种习惯，也是建立历史连续性解释的要求，创造一致性历史解释的有效方法。就像她自己意识到的，"讲故事的活动——所有历史都是由这种或那种形式的故事组成——需要有始有终，因而也需要一定的连续感"。回答或者证明历史为什么重要，也是在讲一个历史学经历了数千年发展而仍然可以满足时代需要的故事。

虽然是一本小书，林·亨特还是费了不少力气来讲历史学艰难发展的故事。例如"真相"或"政治"在不同时代不同史家那里的各式表达，彼此之间的异同。如果说，近代史学经过了300多年的发展，仍然需要一本书来阐明"历史学为什么重要"，这是不是可以算前辈史家的失败，或者一届一届读者的悲哀？

看起来像是的。反过来再仔细想想，历史一词在古希腊时代的原义乃是"探究"。这就意味着，历史学之所以重要，不是过去人们探究了，而是我们现在要探究。只是在社交媒体盛行的时代，对于许多有权使用社交账号的公众而言，意见表达常常不是探究的结果，而是引发探究的原因。因此，历史学的出场，就有可能被人们赋予引导辩论、规范言论、沉淀价值的意义。我想，这是林·亨特所理解和希望的，但是，历经艰难发展的历史学仍然艰难！这本小书就是一个艰难的挑战。就像数学家的孩子要成为数学家，也得从学会数数字开始，公众要学会像林·亨特那样进行历史地思考，也许可以从读这部作品开始，并最终从历史探究中领会尊重的含义。

我以崇敬之心寄望林·亨特心目中的历史学得到更多读者的认同，同时相信这种历史学终将在此处成为现实。

陈 新

2020 年 7 月 14 日于夏洛茨维尔

第一章

历史从未如此重要

＊＊＊

无论你去往何方,历史都在争讼之中。政客谎报历史事实,不同群体会争论历史遗迹的命运,官员严密监控历史教科书的内容,真相委员会遍布全球。历史博物馆的快速发展表明,我们生活在一个痴迷于历史的时刻,但这也是世人对历史真相感到深刻焦虑的时刻。如果歪曲历史来得如此容易,如果众人对史迹或历史教科书应当传递的内容如此莫衷一是,如果世人需要真相委员会挖掘过往的真相,建立历史的任何确定性又从何谈起?本书提出了关于历史的种种问题,并提供了解决之道。并非所有的困境都会迎刃而解,因为历史按其定义是一个发现的过程,而非固定的教条。但这个过程可以表明它为何具备空前的重要性。

信口雌黄

歪曲历史的最著名案例之一当属房地产开发商唐纳德·特朗普（Donald Trump）在 2012 年暗示当时的总统贝拉克·奥巴马（Barack Obama）并非出生于美国，因此是不合法地当选为总统，特朗普因为此事引起了公众的关注。奥巴马出示其出生证明，确认自己生于夏威夷州后，特朗普旋即反驳说该文件可能系伪造，尽管他并无证据证明这一点。[1] 2016 年总统竞选期间，特朗普突然改口承认奥巴马生于美国，他因为结束了自己制造的争议而继续获得众人信任。此类虚假的争论现在已乏人问津，但别的类似案例却长期存在，最惹人注目的便是否认纳粹对犹太人的大屠杀。

1　Josh Voorhees, "All of Donald Trump's Birther Tweets" (Slate.com, September 16, 2016). Available at http://www.slate.com/blogs/the_slatest/2016/09/16/donald_trump_s_birther_tweets_in_order.html.

欧洲的一些极右翼政客和作家通过否认1933年至1945年间600万犹太人曾惨遭蓄意屠杀的事实来换取自己的片刻风头。他们的否认方式花样百出，从断言死亡人数不足600万，以及希特勒及其纳粹党人并未制订官方的屠杀计划，到认为毒气室不存在等，不一而足。否认大屠杀的例子已被那些试图对历史撒谎之人竞相效仿；其支持者会直接否认大屠杀受害者和集中营的解放者等见证人的叙述的有效性，以及后续艰苦的历史研究，这些研究确定了被害者的姓名和人数，并且刻画了作恶之人的残忍手段和动机。尽管历史学家可以对如何最好地解释大屠杀持保留意见，实际也正是如此，但没有哪个严肃的学者或历史解读者会怀疑这些屠杀乃蓄意为之，以及它曾大规模发生的事实。

尽管世人不断基于大量证明文件对这些否认者进行驳斥，尽管身先垂范的德国官方和非官方人士都努力承认这些罪行，但对大屠杀的否认依然通过脸书等社交媒体在欧洲和世界其他地方传播。² 此种行径得到中东一些政府最高层人士的强力支持，他们认为这对其反以色列政策有所帮助。伊朗总统马哈茂德·艾哈迈迪-内贾德（Mahmoud Ahmadi-Nejad）曾于 2005 年 12 月 14 日声称大屠杀乃"编造的神话"。伊朗官方新闻机构将这些话从其演讲稿中撤出，好像他从未说过一样，但这不过是用谎言掩盖谎言而已。³ 伊朗官方对大屠杀的否认无论多么牵强附会或未经证实，都造成了影响：2013 年年底到 2014 年年初的一项国际调查显示，在中东和北非地区，听说过大屠杀的人中仅有 1/5 的比例相信关于它的历史

---

2 Carole Cadwalladr, "Antisemite, Holocaust Denier ... yet David Irving Claims Fresh Support" (Guardian, January 15, 2017). Available at www.theguardian.com/uk-news/2017/jan/15/david-irving-youtube-inspiring-holocaust-deniers.

3 Karl Vick, "Iran's President Calls Holocaust 'Myth' in Latest Assault on Jews" (Washington Post, December 14, 2005). Available at http://www.washingtonpost.com/wp-dyn/content/article/2005/12/14/AR2005121402403.html.

记录是准确的。[4]

由于社交媒体的影响,公然扭曲历史的现象已变得越发常见。遍及世界的网络让历史谎言持续发酵,因为几乎任何人都能以任何名义在互联网上发布任何内容,而无须事先审查,也不存在任何可能的制裁。荒唐无比的主张广为流传,而且它们仅凭传播便能获得一定的可信度。在这种情况下,坚持历史的真相已成为公民勇气的必要之举。

历史学家绝少像很多地方的记者、小说家以及反对派人士那般受到死亡、追杀的威胁并且也很少真的被暗杀,但他们常常发现自己身处争议的旋涡之中。独裁政权不喜欢那些因坚持让自己难堪的真相而闻名的历史学家。备受欢迎的法国史家儒勒·米什莱(Jules Michelet)

---

[4] Emma Green, "The World is Full of Holocaust Deniers" (The Atlantic, May 14, 2014). Available at https://www.theatlantic.com/international/archive/2014/05/the-world-is-full-of-holocaust-deniers/370870/.

就曾于1851年被路易-拿破仑·波拿巴（Louis-Napoleon Bonaparte）政府赶下教职，因为学生们时不时会从他那令人振奋的讲座中离席并高呼反政府口号。警方曾派出密探参与其课程，然后将他的讲义篡改后加以散布，以期玷污其声誉。米什莱的几位同事极力赞同谴责他的教学活动，从而为政府的行动铺平道路。在路易-拿破仑因立法机关拒绝其废除任期限制的请求而发动政变后，米什莱也由于拒绝宣誓效忠而被解除了国家档案馆的相关职务。然而，米什莱比其他数百名政变反对者们幸运，这些人受到抓捕并被强制遣送到位于法属圭亚那的流放之地。[5]

正如米什莱的例子表明的，在政治危机或国际危机时期，即便温文尔雅的历史学家也会身处火线之中。1940

5　Stephen A. Kippur, *Jules Michelet: A Study of Mind and Sensibility* (Albany, NY: SUNY Press, 1981).

年,《时代》杂志曾报道,美国一本广受欢迎的历史教科书的作者哈罗德·鲁格(Harold Rugg)被指控为共产主义者,他此前曾将美国描绘为一个机会不平等和阶级冲突的地方。鲁格被贴上了"颠覆分子"的标签,因为他未能教授"真正的美国精神",鲁格的著作被一些学校列为禁书,甚至还被俄亥俄州一个城镇学校的董事会成员当众烧毁。[6] 教科书作者,特别是相关出版商通常会竭尽全力避免争议,从而获得最广泛的潜在市场,但正如鲁格的例子所示,关于历史真相的争论总是不期而至。

纪念物

2017年8月中旬,一场关于联盟军将军罗伯特·爱

---

[6] *Time*, vol. 36 (September 11, 1940): 62.

德华·李（Robert E. Lee）的雕像命运的公共争论以弗吉尼亚州夏洛茨维尔发生的暴力事件告终。反对市议会从解放公园（Emancipation Park，此前称为李将军公园）移除李将军雕像决定的白人民族主义者在弗吉尼亚大学校园里高举火炬游行，他们还高喊口号怀念纳粹时代。次日，他们与此次抗议的反对者在李将军的雕像附近发生争吵。一名新纳粹分子驾车冲入反对抗议的人群，并导致一名年轻女性丧生。一旦被视为某种令人反感之物（此处为种族主义），矗立了93年的纪念碑也能引发强烈的情绪。李将军的雕像并非孤例。联盟旗帜和纪念碑在前南部联盟的几个州里都存在争议：那些想要移除它们的人将之视为白人至上主义的当代标志，而那些反对拆除之人则将此类努力视为蓄意抹去历史的行为。夏洛茨维尔事件发生数天后，北卡罗来纳州达勒姆市的反法西斯分子自发推翻了一座南方联盟士兵的雕像。

纪念物引发的问题不单单出现在美国南部。耶鲁大学的学生也曾试图将卡尔霍恩学院（Calhoun College）更名，因为它是以一位支持奴隶制的政治家命名的，与此类似，牛津大学的学生则为移除塞西尔·罗德斯（Cecil Rhodes）的雕像而竞相奔走，因为他是一位种族主义者和极端的帝国主义者。而此类移除纪念碑的平和建议版本与那些为多地带来动乱的版本相比则显得黯然失色：希特勒战败后，同盟国下令立即摧毁所有纳粹标志；苏联解体后，从乌克兰到埃塞俄比亚的列宁和斯大林纪念碑都被众人拆除了；而萨达姆·侯赛因的一座铜像也在2003年美国主导的军事入侵期间被拆除；2008年，独裁者佛朗哥在西班牙境内的最后一座雕像被移除；而在更早的两个多世纪前的1776年，纽约民众在《独立宣言》颁布几天之后便推倒了乔治三世国王的镀金骑马雕像。

有时候，纪念物的毁坏被视为蓄意为之。塔利班于2001年炸毁了阿富汗境内拥有1500年历史的佛像，伊斯兰国（ISIS）于2015年炸毁叙利亚境内巴尔米拉一处有着 2000 年历史的罗马遗迹，这种对世界文化遗产毫无意义的破坏遭到了世人的一致谴责。ISIS 武装曾声称他们正着手摧毁这些偶像，并且这种行为与他们历史悠久的毁坏圣像（iconoclasm）习俗有关，也即，他们破坏这些造像尤其是宗教造像的理由来自宗教方面。毁坏圣像这个术语最初指的是公元 700—800 年之间拜占庭帝国境内由于使用宗教图像（圣像）而引发的冲突。圣像破坏者对基督教中日益丰富的造像采取抵制措施，并且多次将它们移除或摧毁。15 世纪的新教改革运动开始时，特别是荷兰、瑞士和法国一些城市中的暴徒会不时闯入教堂并摧毁那些被视为偶像崇拜的雕像和饰物。因此，历史似乎揭示了与纪念碑移除相关的不同面相。

此种模糊的图景源于纪念物的本质。纪念物旨在纪念：它们让人记起历史并唤起崇敬之意。因此，哪怕像李将军的雕像这类世俗之物，也无可避免地沾上了某种宗教情感。但纪念物总是出于政治目的而造；它们昭示着权力，无论这种权力出自教会、教派、政党或政治事业，如联盟等等。因其与权力的联系，宗教信仰或政治制度的改变也往往涉及纪念物的破旧立新。欧洲早期的基督教教堂便建立在异教徒或罗马神庙的遗迹之上，这也是在事实层面宣告其优越感的方式。实际上，破坏"文物"的悠久历史表明，纪念物的破坏行为乃世人生活的一部分。（"文物"一词在 1500 年左右才在英语中出现，这表明了人们对破坏遥远过去之遗迹的新式敏感性，此处指的是罗马和希腊遗迹。）

1789 年的法国大革命最为清晰地体现了纪念物被破坏而产生的悖论。革命者们于 1794 年亲自发明了"汪达尔主义"（vandalism——即破坏文物的行为）一词以谴责一些武装分子抢夺教会的金银财宝、敲掉巴黎圣母院大教堂中国王雕像的头部，以及将基督教教会改造成理性庙宇（temples of Reason，即法国大革命期间出现的"理性教派"[the Cult of Reason] 所建的庙宇，其主张的理念包括理性、德性和自由。——译注）的狂热企图。一些教堂被廉价变卖成为粮仓或库房。革命领袖主张，对带有封建主义和君主制的标志尽可以合法摧毁，但那些刻有拉丁铭文以及与平等精神相符的一切则应得到保护。到1793年，革命者已经在卢浮宫建立了世界上第一个国家艺术博物馆，其中的展品都是王宫、教会以及流亡海外的贵族的财产充公所得。1795年，革命分子则用夺自众多修道院的雕塑和古墓开设了法国第一座遗产博物馆。简而言之，文物的破坏和保护可以并驾齐驱；对历史古迹的破坏也促使革命者自己对文化遗产进行反思。仇恨的符号亦能得以保留，如果将其重新唤作艺术的话。

与纪念物相关的问题绝无可能彻底解决。过去无法统统保留，因为没人想活在博物馆中。然而，必须保留一些历史以便在时间的流逝中维持某种连接和持续感。问题在于，我们应该保留什么？这是个绕不过去的政治问题。我们如何看待自身？过去的哪些部分与我们联系最为紧密，以及哪些部分应该得以保留？每个案例都必须根据其自身的特性而加以抉择，历史研究则提供了关键的证据，例如，受命建造李将军雕像之人的动机等等。后人无疑会重新审视这些决定，即便多数纪念物都会安如磐石，但历史绝不如此。

教科书争议

历史教科书总在修改，但这只会令它们更具争议性。2015年，日本东京一位候选知事便坚持主张"作为战败国，我们仅仅教授胜利者强加给我们的历史"。他继续说道，"要再次成为独立的国家，我们必须摆脱强加给我们的历史"。他坚称，日本并非二战的侵略者，也未曾发动1937年南京大屠杀，更未强迫韩国妇女成为日本士兵的

"慰安妇"(性奴隶)。[7]此种争议并不新鲜。距此10年以前的2005年,中国和韩国的游行示威者就曾抗议日本历史教科书改革协会对教科书的修订。抗议者声称这种修改极力淡化了日本在二战中犯下的罪责,他们烧毁了日本国旗并要求抵制日货。

日本人并非唯一试图将历史教科书朝有利于国家的方向篡改的民族。尽管2011年针对日本历史教科书的研究得出结论说,日本人很大程度上忽略了自己在朝鲜半岛建立的压迫性政权(1910—1945年),此项研究还发现,中国和韩国的教科书则更多关注自身对日本占领的抵抗,而较少谈及二战的更广阔背景。[8]此类抱怨有着悠久的历史。1920年,一封寄给加拿大不伦瑞克省《拾穗

---

7 Rupert Wingfield-Hays, "Japanese Revisionists Deny WW2 Sex Slave Atrocities" (BBC News, August 3, 2015). Available at http://www.bbc.com/news/world-asia-33754932.

8 Gi-Wook Shin and Daniel C. Sneider, eds., *History Textbooks and the Wars in Asia: Divided Memories* (New York: Routledge, 2011).

者日报》(*The Daily Gleaner*)编辑的信就曾抗议说,当地学校使用的美国作者撰写的历史教科书甚至没有提到加拿大参与过一战。[9]

在19世纪和20世纪的大部分时间里,乃至持续至今的诸多情况中,灌输民族归属感的努力通常需要积极地调转方向。教科书讲述的是国家的兴衰,但绝少提到政府或人民的错误或不端行径。1945年以后的西德则是个罕见的例外,那里的孩子从很小的时候便能了解到纳粹政权所犯下的罪行,而此后造访遍布全国的集中营和众多纪念馆、博物馆也会不断提醒他们牢记历史。更为普遍的则是近期法国的经验,2005年通过(后被废除)的一项法律要求学校讲授法国殖民政府曾经发挥的"积极作用"。一项针对法国1998年以来教科书使用的研究

---

9 Frances Helyar, "Political Partisanship, Bureaucratic Pragmatism and Acadian Nationalism: New Brunswick, Canada's 1920 History Textbook Controversy," *History Education*, 43:1 (2014): 72–86.

表明，这些教材系统性地淡化了法国殖民政府在非洲的暴力和种族主义行径。[10]

尽管如此，法国对教科书的此类批评——以及以立法的形式反对人们对法国殖民历史的批判——清楚地表明，传统上天经地义的叙事正遭受质疑，并且不是所有人都容得下质疑之声。在英国，历史学家正提醒众人注意此前的教科书将威尔士、苏格兰和爱尔兰边缘化，并将它们视为英国宏大叙事中无足轻重的角色的做法。流行的英国史常会提到"我们的帝国"，并以此作为将帝国整合进英国身份的一种方式。尽管帝国的批评者一再指出它持续的暴力和不公，但直到最近几十年以前，英国历史学家仍在继续关注帝国政府的制宪和改革努力。史家们近期对帝国弊端的关注才刚刚开始产生影响：舆观

---

10 Raphaël Granvaud, "Colonisation et décolonisation dans les manuels scolaires de collège en France," *Cahiers d'histoire. Revue d'histoire critique*, 99 (April 1, 2006): 73–81.

调查网（YouGov）2014年的一项调查发现，英国人中以帝国为傲的人数是那些为之感到羞耻者的三倍，而相信被英国殖民过的国家变得更好的人数则是持相反观点人数的三倍还多。[11] 如果历史学家不去挖掘可产生新视角的档案，世人的观念则永不会改变。

一个民族生活中的创伤性事件往往会引发民族叙事的重大改变，就像二战后的德国和日本以及去殖民化后的法国和英国一样。然而，正如世人对法国和英国缓慢变化的评估所表明的，这些事件需要数十年的时间才会被完全正视。美国的内战和奴隶制则是最好的事例。美国内战前的历史教科书没有为奴隶制辩护，但它们呈现了一个反对和支持奴隶制的力量共存的国度。在灾难性的战争结束后的几十年里，同样的妥协路线仍然存在，

---

11 Will Dahlgreen, "The British Empire is 'Something to be Proud of'" (YouGov.co.UK., July 26, 2014). Available at https://yougov.co.uk/news/2014/07/26/britain-proud-its-empire/.

因为作者将战争归咎于双方的极端分子。甚至在距战争结束一个世纪之遥的20世纪60年代以前，关于奴隶制的严肃讨论也几乎没在美国历史教科书中出现过。

20世纪60年代的民权运动将奴隶制的历史置于聚光灯下，二战后大学教育的重大变革则为其铺平了道路。美国的各种学院和大学中登记在册的18—24岁人口比例一路从1947年的14%增长至1970年的36%和1991年的54%。高等教育向那些长期被排除在外的群体敞开了大门：他们包括来自下层的年轻人、女性、犹太人、非裔美国人以及其他少数族群等。接受高等教育的女性比例从1947年的29%增长至1979年的51%以及2014年的57%。

针对专注于精英白人男性政治领导人的传统叙事的挑战可能并非上述改变自然而然的后果，但考虑到女性、非白人和非新教徒纷纷进入大学，并最终成为美国大学的员工，这些后果也是可以预料到的。自20世纪

60年代开始,工人、女性、非裔美国人和移民的历史逐渐写入教科书,书中的焦点也从乔治·华盛顿、亚伯拉罕·林肯或西奥多·罗斯福等英雄人物转向了此前被忽视但对国家建立做出贡献的奴隶、工人、女性和少数族裔。例如,历史学家展示了,美国人向西太平洋扩张的"天定命运"(manifest destiny)假定(19世纪40年代发展起来的学说)证明了美国白人新教徒对墨西哥、美洲原住民、犹太人和天主教徒的种族优越性。

史家关注点和解释的转变激怒了一些人;与批评者针锋相对的人抱怨道,历史学家已经沉迷于政治正确,从而早已放弃了他们创造国家归属感之积极意义的使命。20世纪90年代中期,美国人的愤怒在批评者认为相互关联的两件事情上达到顶点。1994年,史密森学会的国家航空航天博物馆提议展出曾经往广岛扔下原子弹的飞机,并计划组织一场事关投放原子弹在道德和政治层面是否合理的讨论。同一年,联邦政府资助的国家学校历史研究中心提出了国家历史标准,它反映了自 20 世纪 60 年代以来一直在加速发展的工人、妇女、奴隶和移民的新历史。

两方都引发了愤怒的声讨。参议院多数党领袖和后来的总统候选人罗伯特·多尔(Robert Dole)抱怨道,"教育工作者和教授们"正在从事"骇人的运动……以诋毁美国"。专栏作家乔治·威尔(George Will)谴责了"校园中奇怪的反美风气",众议院议长共和党的纽特·金里奇(Newt Gingrich)则主张,多数美国人"已经厌倦了文化精英们喋喋不休地告知他们应该为自己的国家感到羞耻的做法"。[12] 史密森学会删除了几乎所有被认为令人反感的材料,国家历史标准被撤销,但历史学家则在

---

12 Tom Engelhardt and Edward T. Linenthal, "Introduction: History Under Siege," in Edward T. Linenthal and Tom Engelhardt, eds., *History Wars: The Enola Gay and Other Battles for the American Past* (New York: Henry Holt, 1996), p. 4; Mike Wallace, "Culture War, History Front," in ibid., pp. 185, 187.

继续修订长期被接受的叙事。政客赢得了眼前的小小胜利，但历史学家赢得了文化战争。今天，没有哪本忽略奴隶制或敢于歧视女性和少数族群的美国历史教科书能得以出版。

尽管受过高等教育的人群往往对历史讨论持更为开放的态度，但教科书的争议却并不与高等教育入学数字步调一致。以俄罗斯为例，当地大学入学水平在20世纪70年代已然很高（根据苏联政府的数据，俄罗斯1971年的大学入学率为当年英国或法国的三倍，并与美国的水平一致），但其教科书却几乎没有因为1989年巨变事件而改变。苏联解体后，历史学家获得了更大的独立性，但在弗拉基米尔·普京巩固自己的权势后，他也试图更直接地影响教科书的写作。普京希望强化鼓舞人心的爱国叙事的愿望在多数俄罗斯人中引发了积极反响。

但在西欧，尤其在英国和法国，人们对标准的民族叙事的不满似乎与大学入学数据的趋势一致；这两个国家的高等教育入学率在 20 世纪 90 年代超过了 50%，而此时也正是民族叙事招致批判的肇始。性别平等在这一时期也已实现（男女入学人数持平）；在当今世界的绝大多数国家里，高等教育在册的女性数量已超过男性，这是自 20 世纪 70 年代以来发生的巨大变化，当时高等院校中的女性数量仅为男性的一半。更多的女性并不必然意味着更多的批判之声，但这的确表明高等教育系统正在重组。可悲的是，这种现象也部分解释了世人对西方世界大学体系与日俱增的唾弃；女性化的职业通常都是低薪且地位较低的职业。

记忆之战

教科书在编织民族记忆的过程中扮演相对靠后的角色。首先要做的是将过往事件的材料遗存收集和整理起来。近年来，这种回溯努力的几个引人注目的事例表明，当忘却成为更可取的选择，尤其是忘却那些与正面的民族叙事背道而驰的事件时，重建过去是多么困难。过去150多年来，历史学家一直在争论《独立宣言》的主要作者托马斯·杰斐逊总统是否与他的一位唤作莎莉·海明斯（Sally Hemmings）的女奴有过孩子。此事直到 DNA 测试出现之前都似乎没有定论，但当1998年的 DNA 测试几乎无可否认地证实了此事后，世人的观念发生重大转变已是必然。到20世纪80年代和90年代，许多展览和生活博物馆要么对奴隶制的角色采取模糊态度，要么将其装扮成慈父般的、善良的制度。[13] 但在2012年的时候，第一个以总统蓄奴活动为主题的大型全国展览仍旧出现在了史密森美国国家历史博物馆。

---

13 Warren Leon and Roy Rosenzweig, eds., *History Museums in the United States: A Critical Assessment* (Urbana: University of Illinois Press, 1989).

而对于像西班牙等不仅遭受过暴力内战，而且还经历过随后数十年政治压迫的地方，重建历史记忆的努力则显得更为艰难。一直到军事独裁者弗朗西斯科·佛朗哥于1975年去世之前，史家都不可能对1936—1939年内战中发生的杀戮行为开展严肃的研究，更不用说对那些被蔑称为"赤色分子"（reds）的共和党人的尸体的发掘工作了，这些人未经审判便被杀害并埋葬在无名之地。重建这段历史的实证工作始于20世纪80年代，但旨在发掘、确认和重新埋葬这些尸体的历史记忆重建协会直到2000年才得以成立。近些年，人们的注意力开始转向"失踪的儿童"，即那些在监狱中死去、被送往国家机构或者被改名换姓以便可被与政权友好的家庭非法收养的小孩。

印度尼西亚的历史重建则显得更加困难，1965年的一场失败政变后，多达50万共产党员惨遭杀害。以将军身份执政的苏哈托（Suharto）担任总统一直到1998年，众人无法在这一时期公开讨论上述杀戮事件。教科书则将那场6名将军被杀的未遂政变归结于共产党人,并且几乎没有提及后来由军队及其下属民兵们执行的酷刑、斩首和肢解罪行,这些人一度沉溺于反共的歇斯底里之中。随着苏哈托于1998年下台,氛围骤然开放。被监禁的活动家的回忆录引起了公众的注意,就像此前未经翻译的英文作品一样。口述历史学家开始收集相关事件的记忆。

然而,社会内部的和解并未随之而来。2000年,当一个致力于发掘受害者尸体的团体在爪哇岛进行拍摄工作时,一群穆斯林青年阻止了他们的重新安葬活动。2007年,伊斯兰教士联合会(Nahdlatul Ulama,一个传统的逊尼派穆斯林组织)宁愿烧毁被视为亲共产主义的教科书,也不让预定的教科书改革得以展开。[14] 2013年,

---

14 Adrian Vickers, "Where Are the Bodies: The Haunting of Indonesia," *The Public Historian*, 32:1 (2010): 45–58.

一座庆祝苏哈托统治的博物馆在其家乡开业；博物馆由苏哈托那被判犯有贪腐罪的兄弟出资建立，其中的展览旨在为镇压正名，且只字未提无辜受害的人们。

还有其他无数例子可用来证明记忆之间的冲突，但也许最引人瞩目的是自20世纪80年代初以来在全世界建立的30多个真相委员会。从危地马拉到泰国，众多不同的社团均表示需要某种官方机制来处理在过往的内战或专制政府时期发生的暴行。真相委员会是一种历史听证机构，其前提是，如果国家要向前发展，则关于过去的谋杀、监禁、折磨和歧视的全部真相都必须讲述清楚。多数真相委员会都明显是以1995年底依法设立的南非真相与和解委员会（TRC）为样板设立的，这个机构旨在促进种族隔离制度向民主制的过渡。因其在全球的影响力，真相与和解委员会向来是人们大量分析和讨论的对象。

真相与和解委员会的任务授权影响深远：其中包括，报告1960年至1994年期间人权侵害的性质、程度和原因；让受害者发声以恢复其尊严；此外，如果施行暴力之人揭露了所有相关事实，甚至可以保证对其大赦。而达成团结与和解的任务实在令人沮丧。在种族隔离制度下，白人少数族群（占总人口的13%）控制了几乎所有土地、自然资源、医疗、教育资源以及良好的就业机会。为了维持白人至上主义的政权，当局曾监禁多达20万人，并且强制驱赶民众到无法过活的"土著保留地"（native reserves），一些人惨遭折磨，各种隔离设施得以维持。随着对政权抵抗的加剧，各方的暴力行为都在增加，因为黑人社区内部的不同政治派别也在相互斗争；当局使用暴力镇压抗议行为，还铲除了抵抗领袖，而武装反对派则设置炸弹或杀害合作者、政府人员以及竞争群体的成员。

尽管举行了近百场公开听证会并收到了超过21000份个人证词，但真相与和解委员会还是承认了其调查结果的弊病。支持种族隔离的白人派别在很大程度上拒绝合作，而非洲人国民大会（ANC）的主要黑人反对派因卡塔自由党（Inkatha Freedom Party）亦是如此。1994年，非洲人国民大会在首次向所有种族开放的议会选举中赢得了绝对多数席位，并建立了一个民族团结政府，其中包括主要的白人党派、国家党和英卡塔自由党。尽管如此，真相与和解委员会与非洲人国民大会的关系最为密切，而且仅有非洲人国民大会的成员有意愿充分参与其事务。于是，毫不奇怪，许多白人和英卡塔自由党成员认为真相与和解委员会的调查结果存在偏颇。此外，学者们也批评真相与和解委员会过分关注故事的讲述，而非客观的用于法庭的真相，针对其成果的研究也表明，真相与和解委员会至少短期内并未实现和解的目标。[15]

这些具体的抱怨不应掩盖更大范围的事实：历史的

---

15 Audrey R. Chapman and Hugo van der Merwe, eds., *Truth and Reconciliation in South Africa: Did the TRC Deliver?* (Philadelphia: University of Pennsylvania Press, 2008).

重建在所有的体制更替示例中都已具备实质重要性。更重要的是,这种追求真相的愿望并不仅限于从内战到和平、从种族隔离到实现黑人多数统治,或者从军事独裁到民选政府的过渡地区。日本、美国或英国这些所谓的稳定国家的历史也正遭受质疑,因为那些被遗忘、消除或受到压制的历史现已浮出水面。历史总是容易喷涌而出。

公众史学与集体记忆

即便在拥有稳定政府的国家,公众对历史的渴望也从未如此强烈。回忆录和传记常常成为畅销书,一些最成功的电影、电视剧和电子游戏的设定都是在过去,不仅英国、美国如此,中国和其他许多国家也都是这样。美国3.5万座博物馆中有一半以上是历史、史迹或历史社群博物馆。首创于1882年的英国国家遗产名录现在包括的纪念碑、建筑物、景观、战场和受保护的沉船总数近40万。而前往这些地点参观的人数在1989年至2015年间增长了近40%。换句话说，公众对历史的兴趣不仅是在增长，而且是在暴涨。

历史遗迹的参观者不仅想要阅读铭牌、看展品、听讲解，甚至还会观看有组织的表演；他们有时候还希望通过历史重演和其他形式的虚拟体验以更直接地回到过去。像弗吉尼亚州的威廉斯堡殖民地（Colonial Williamsburg）这样的生活博物馆便旨在原样重现过去的生活，此处指的是18世纪60—70年代的生活。游客漫步在18世纪的房屋前的街道，擦身而过的则是那些身着彼时衣衫、忙着当时活计的人们（男男女女、自由人与奴隶等等）。对参与者而言，更为扣人心弦的则是战争历史的重演，他们需要亲自装扮好并扮演自己的角色。历史再现已对电视剧和历史教学产生了影响。在英国、美国、澳大利亚和德国，电视上的历史实景节目的特点是，参与者需要在房间里过上几个月与过去一样的生活,从而为现在的观众记录彼时的经验和冲突。历史教师长期以来都在使用某种形式的重演以激发学生的兴趣,从身着古装演讲到让学生扮演过去的历史人物等不一而足。数字建模的出现有望加强这一趋势,因为古罗马、中世纪的卑尔根(挪威)以及18世纪的巴黎社区都可以通过3D再现,巴黎甚至可以通过5D再现,其中,历史的声响和第一人称视角都已就位。[16]

这些技术正在重塑历史博物馆和历史遗迹的展现形式。即使在尚未使用数字建模的情形中,实物也以旨在确保观众体验的真实性和即时性的方式呈现。美国大屠杀纪念博物馆的众多参观者报告说,从某个集中营的大

---

16 关于罗马再现项目,可参见 www.youtube.com/watch?v= 2Bb8FgCUUoQ. 卑尔根再现项目可见 https://www.youtube.com/watch?v=UeE4LbocQaw。布勒泰项目(即18世纪的巴黎)则见于:https://sites.google.com/site/louisbretez/home。

屠杀受害者处收集的4000双鞋子组成的景象及其营造的氛围尤其让人触动。对历史感兴趣的游客走在一战中留下的少数战壕中，或者观看枪支、登上舰船，以及亲自为诺曼底登陆制定路线图，这些场景发生在诺曼底犹他海滩登陆博物馆，而这个博物馆则位于此前德国在登陆海滩挖掘的沙坑处。有时候，展品来自许久之前。英国的约维克维京中心（Jorvik Viking Centre）会将游客带入特别打造的地下时间胶囊，从而穿越回1000年前的维京时代。仿真维京人让考古现场发掘的成千上万件木材、纺织品和其他文物栩栩如生。

专业历史学家长期以来一直在批评甚至唾弃历史再现和虚拟历史体验，因为后者首先强调的是观众对古人的移情和认同，而非更深入地理解事件的背景和原因。换言之，走在保存下来的一战战壕中会令游客对彼时参与战斗的年轻人有着切身的感受，但这并不会首先促使他们思忖战争爆发的原因，或者思考为何如此之多的年轻人必须赴死等。此外，大多数虚拟体验必须具备美学上的吸引力才能招徕游客：威廉斯堡殖民地的奴隶并不会吃多少苦头；维京人主要以其平和的面貌示人；而如今的战壕周围则是公园般的景致。

随着虚拟现实之类多媒体设备和技术变得越发流行，忽视它们已变得不再可能，历史学家也越来越多地参与到集体记忆项目之中。众多历史学家长期参与到"公众史学"（public history）之中，无论他们在博物馆还是在公共或私人的档案馆工作，但直到最近，这些职业通常都被认为不如学术职位，而参与其中的历史学家则很少受过公众史学方面的培训。情况正在迅速变化，因为公众史学变得越发重要，而且这个领域的大多数学术职位也往往由其他领域的专家兼任。

公众史学家现在已经有了自己的组织，他们在传统协会中的地位已得到承认。1979年，美国成立了国家公众史学委员会，到2003年，美国历史协会的近五分之一成员都已参与到公众史学之中。至少24所美国大学现已提供公众史博士学位或博士一级的认证。英国的9所大学则提供公众史硕士学位或包含了公众史认证的历史学位；此类项目在2009年才首次出现，但这个领域的增长已十分惊人。国际公众史学联盟于2009年成立，它汇集了世界各地的公众史学家；澳大利亚、加拿大、新西兰、巴西和荷兰的公众史学项目增长显著，许多其他国家也纷纷开设新的项目。

集体记忆的承载形式多种多样，从书籍、博物馆到电视节目和互联网流言等不一而足。无论是创伤事件还是国家胜利，集体记忆在对过去的真实描述的基础上对公众的身份认同起到了最有用和最持久的塑造作用。公众理应得到历史事件及其脉络的尽可能准确的呈现，那些吸引了他们注意的事件也应作如是观。问题在于，如何在准确性和艺术性之间取得平衡。这为我们提出了历史真相以及如何最好地获取它的问题。

第二章

历史真相

* * *

确定历史真相至关重要。舍此，政客或大屠杀否认者的谎言便无法被揭穿；纪念物、教科书的争议也永远无望得到解决；记忆之战亦将无限期持续下去；而公众对呈现在自己面前的历史也会缺乏信心。历史的真相具有双重性：事实占据首要地位，阐释次之。尽管为了讨论的目的可以将二者分开，但在史学的实践过程中，它们却是相互联系的。在被纳入一个可赋予其重要性的阐释中之前，事实都是无效的，而阐释的力量则取决于它理顺事实的能力。

乍一看，事实似乎相当简单：奥巴马要么出生在美国，要么相反，要么600万犹太人死于蓄意谋杀，要么这个数字被夸大了，或者杀戮行为并非有意为之。相比之下，阐释从来都不是固定的。众人可能就事实达成一致——的确有600万犹太人死于可怕的种族灭绝——但却对其发生的方式、原因或发生顺序见仁见智。即便事实也不像看上去那么简单，因为过去总是未定之局。新文件、新物件和新材料不断被发现，它们可能推翻所谓的既定事实：例如，DNA检测被发明了出来，它改变了杰斐逊之于奴隶小孩的亲子事实。然而，和特朗普政府的一位官员臭名昭著的主张不一样，此种潜在的临时性并不意味着"另类事实"的存在。那些另类事实明显是谎言，即故意在事实层面误导公众。为了获取历史真相，我们先要了解事实及其确定方式。

事实

以下便是事实之一种：贝拉克·奥巴马于1961年8月

4日生于夏威夷檀香山。此项声明的真实性通过真实存在的文件得以证明，此处我们指的是夏威夷州开具的出生证明。这个文件是有效的，因为它由有权登记出生的国家机关签发，并且无人提出过任何证据证明它系伪造。尽管如此，围绕奥巴马出生一事仍旧出现了一系列重要争议。历史事实仰赖文件的支持；系统性收集的文件更容易被人相信；事实必然是临时性的，因为未来总有可能发现新的证据质疑今人谓之事实的东西。

阴谋论在历史事实之临时性创造的空间中产生。在前述例子中，我们可以设想，奥巴马的夏威夷出生证明是在一台旧打字机上使用空白旧表格或仅使用某种数字技术制作的，但没有证据支持此类结论。我们同样可以设想唐纳德·特朗普或者你、我的出生证系伪造。奥巴马是幸运的，他出生在一个拥有卫生部门和官方注册员的州。而那些来自饱受战争蹂躏的国家的难民在逃命时甚至都衣不蔽体，更别提携带出生证明了，而且他们所在地区的政府机构早已被战争摧毁,如果它们起初尚能运作的话。文件存在与否这件事本身亦是历史的产物。

历史事实几乎等同于它们所依据的文件,历史上一些非常有影响力的文件被证明系伪造。其中最臭名昭著的是"君士坦丁赠礼"(Donation of Constantine),据称,它是死于公元337年的罗马皇帝颁布的一项法令。此项捐赠赋予了基督教教皇执掌西部基督教世界的精神和世俗权力;由于教皇常常与国王和皇帝争夺政治控制权,因此其关系重大。然而,赠礼文书在公元800年左右才开始被人加以引用,这无可避免地引发了人们对其有效性的质疑。1440年,一位意大利学者洛伦佐·瓦拉(Lorenzo Valla)揭露了这个事实,尽管学者们仍在争论伪造的源头,但它最可能发生在8世纪晚期或者9世纪初。

瓦拉的揭露行为也表明了政治对搜寻历史真相的影响。在教会谋职失败后,瓦拉反过来在教皇的竞争对手、阿拉贡和西西里岛国王处谋得一职,后者试图从教皇的爪牙中夺过那不勒斯的控制权。瓦拉的政治动机并未抵消其揭露行为的有效性。他开启了后来被称为文献学的学科，即从历史的角度研究语言，从而证明君士坦丁不可能写出这份文件。瓦拉坚称，这份文件使用的拉丁文并非君士坦丁的拉丁文，因为其中的修辞格在君士坦丁时代并不存在，而且其中的引用文献也将其所属时间段定格在了更晚的时期。而直到一个世纪以后的政治干预再度出现之前，瓦拉的研究都并未给世人留下太深的印象。新教改革的支持者为那些渴望了解教皇腐败的广大群众翻译并印刷了瓦拉的研究文本。（瓦拉写作自己的研究时，印刷机才刚刚发明。）直到17世纪，一些人仍然认为捐赠文书乃无可争议的事实，尽管那时的罗马教皇自己都不这么认为了。编造的事实有时根深蒂固。

专业的历史学家也不能免于精巧伪造的蛊惑。1983年，几家新闻媒体宣布了希特勒手写日记会连续出版的轰动性消息，这些日记自二战结束以来一直藏于共产主义东德境内。研究希特勒时期的两位重要历史学家受命检查日记，他们宣称这些日记可能的确为真，但随着付印日期的临近，他们都表达了越来越多的疑虑，因为整个过程都没有鉴定笔迹、纸张和墨水。就在日记出版的几天后，德国联邦档案馆宣布他们对日记纸张和装订的研究表明，它们出现于战后。这个恶作剧乃一名生活在西德的前东德人所为，他专门从事非法购买和出售纳粹纪念品。这位伪造者利用西德记者的轻信赚取了数百万德国马克，出狱后，他又踏上了兜售伪造的画作和驾驶执照的老路。

正如希特勒的日记这个例子所示，为了获得正确的事实，史家可从那些通常为了其他用途开发的一系列科学技术中受益。例如，近期得到改进的DNA分析技术使得人们可能检查古代墓地中的残骸，从而确定公元500年左右东欧和意大利之间人口的迁移模式，并据此了解入侵罗马帝国的"野蛮人"。最初为环境或军事目的而开发的航空摄影和远程激光传感技术已被用于确定目前英国景观之下的罗马道路的位置。树木年代学(即对树木年轮的研究)促进了维京船只的年代测定和17世纪气候变化方面的研究。放射性碳的测定使得历史学家和科学家团队能够证明,"文兰地图"(Vinland Map)可能是新世界的第一张地图,它在哥伦布的抵达前约60年便已出现。在此类诸多事例中,史家直接与科学家合作以获取他们想要的信息。未来的技术可能会挑战或否定目前的部分或全部结论;历史事实建立在可资获取的最佳证据之上。科学事实也是如此:艾萨克·牛顿彻底改变了世人对地球和天体力学的理解,但他与当时多数人一样,认为地球仅有约6000年的历史。现在,人们通过陨石的辐射测年测得地球年龄为45亿年。

"可资获取的最佳证据"听上去很简单,但实际上却取决于历史学家或科学家认为可靠的来源。直到最近,可资获取的最佳历史证据往往指的是政治或宗教权威起草的文件，比如君士坦丁赠礼及其批判者所写的手稿或书籍。换言之，当权者塑造了基础事实；他们决定哪些事项值得记录。例如，读写能力大范围普及之前，关于普通人的宗教信仰的极少信息往往来自牧师或警察，因为他们会写字，并且会出于宗教或政治兴趣而进行记录，但他们的文件也反映了他们的观点及关切。殖民地背景下的问题则更为复杂，其中的官方文件代表了对当地语言和习俗知之甚少的行政人员或军官的理解方式。刚刚占领墨西哥的天主教官员将当地纳瓦人（Nahuas）的信仰视为受撒旦影响的产物，并且径自将其信仰活动视为犯罪而加以破坏。为了理解纳瓦人信仰的逻辑，历史学家不得不学着反向阅读西班牙语文献并解读当地的纳瓦特尔语，后者采用图画文字。换句话说，学者们必须在以前未经审查的地方寻找事实；因此，可资获取的最佳证据很大程度上取决于历史学家寻找资源的方式和原因。这本身极少是一种中立性活动。

尽管偶尔依赖科学技术,但历史学并非一门科学。它是一门有必要时就使用科学技术的文字艺术,但其基本目的是讲述真实的故事。真实的部分在于文件,在这个意义上,历史学家就像侦探、律师或调查记者那般通过筛选信息、分析和比较文字或别的信息源,并利用一切可能的取证途径抵达真相(即相关事项的事实)。故事的部分则需要其他东西:它依赖于对事实之一系列阐释的文学重建。阐释让事实有意义。世界充满了大量历史事实,但我们在任何特定时刻仅关心其中的一小部分。我们关心那些让我们能够讲述自己想讲之故事的事实。讲故事让我们关注事实,但也常常引起争议。历史学家可通过选择强调不同的事实来讲述同一事件的迥异故事版本。这种杂音让人怀疑任何一种解释的真实性。如果对解释存在很多分歧,那么历史又如何以占有过去的真相自居?它仅仅是你我讲述的不同故事吗?

阐释

以拿破仑·波拿巴为例,他是世界历史上最著名的将军和领袖之一。所有学者都认为,这位科西嘉出生的将军于1799年在法国上台,并迅速成为第一任执政官,然后成为终身执政官,最后变身皇帝。但他们对以下事实的解释莫衷一是:当时那个政权的何种特征让将军掌权成为可能?波拿巴上台时有何打算?他是否建立了军事独裁统治?为何他最终会失去权力?甚至于:他是否是个称职的将军?他能够上台,是因为草创不久的法国共和国在内政外交的政策上做出了错误的抉择,还是因为法国几个世纪以来长期的君主制历程让法国人接受了强大的独裁领导人?拿破仑赢得战斗是因为他是个战略天才和部众的魅力领袖,或者仅仅因为足够走运才能从战场对手的拙劣表现中获利?答案取决于你如何看待事实,以及选择强调哪些事实。

阐释的巨大弹性令人疑心历史真相存在的可能性。由于历史学家总是从个人阅历和社会背景所塑造的观点出发来写作，因此，他们的叙述就不能说是完全客观的。例如，当我论述拿破仑时，我便是以20世纪60年代在美国受过学术训练的白人、中产阶级、女性学者的视角为出发点。我可能不像法国同行那样感同身受，但我仍然会在不经意间将自己的偏见带入手头的任务之中（就像你们作为读者一样）。尽管拿破仑的战争才能并未激发我的个人情愫，我可能会比一些人更为强调他挫败民主势头，并确保妇女和儿童从属于丈夫和父亲的努力。但这种定位并不意味着我的解释因此就是错的，除非我竟至于主张这些问题乃拿破仑档案中仅有的重要之事。最真实的历史往往由在某事的某一方全情投入的人所写。平淡与真实并不是一回事。

最伟大的历史学家对自己的追求总是充满热情。法国贵族阿列克西·德·托克维尔（Alexis de Tocqueville）

的作品《旧制度与大革命》(*The Old Regime and the French Revolution*，1856）至今仍是对法国大革命最有影响的阐释，因为他对拿破仑的"无力的"侄子（路易-拿破仑·波拿巴）在他所处时代的崛起感到恐惧。法国人怎能一再放弃他们新近发现的自由，而去追求民主的暴政呢？波拿巴王朝的吸引力何在？为了找出答案，托克维尔去了他所在地区的官方档案馆，详细研究了18世纪法国君主制的运作方式。他确信君主制本身为第一个波拿巴王朝铺平了道路，因为它铲除了贵族和当地庄园的政治势力。托克维尔对这个主题的热情促使他一头扎进档案馆；他的文学技巧让他的阐释成为流传的经典。

托克维尔对历史真相的主张基于史家普遍接受的核心标准：任何阐释的真实性取决于其内在一致性和为重要事实提供解释的能力。一致的解释是合乎逻辑的；它引用的证据也是紧密相关的，并且不会从中得出不合理的结论。如果我想主张拿破仑认为其专制政权的标志在于其与女性、孩子的家长式关系，我会在他的法律、著作乃至个人生活中寻找证据，但我并不能保证他钟爱自己妻子的事实表明他具有家长式作风。这些结论并不符合逻辑。他也可以既爱妻子，同时又支持任何其他不同的政权。

然而，仅有一致性还显得不够。为了让阐释尽可能完整，我对拿破仑家长式态度的强调必须能恰当地解释尽可能多的事实。我不必解释他的战场策略，但必须对他的法律法规中关于妇女和儿童的条款作出解释，甚至他的个人态度也需要纳入考虑，尽管它们可能与官方声明中表达的不同。根据拿破仑法典的规定，妻子无法获取财产、承担债务、工作，也不得未经丈夫同意而订立遗嘱，这将为我的立论提供有力证据。批评者可能仍然会反对说拿破仑并未亲自起草法律，但尽管并非他独自在起作用，他仍亲自监督了许多重订家庭法的会议。某种阐释不能仅仅依赖于适合它的事实；它必须经得起可能的反驳。

尽管事实和阐释之间的密切联系无可避免会引起众人对历史真相的疑虑，但它也为解决这些疑难提供了持续不断的研究动力。当我假想中的批评者反对说拿破仑并不亲自起草法律时，我就必须深入挖掘并找出更多证据证明他曾参与其中，以及他的幕僚对其观点的理解。以这种方式，阐释性争议产生了更多的事实。此前关于这些事项的解释、事实和争论并未从我们眼前消失；它们是未来工作的基础。

历史真相与欧洲中心主义

这些关于真相的标准（真实的事实、一致性和完整性）看似非常可靠，但在它们之下却危机四伏。历史写作应该以真理和一定程度的客观性为目标的想法反映了一种特定的历史写作视角,它一直在西方世界不断发展,过去200年间尤其如此。虽然历史一直作为某种知识形式而存在,但迟至19世纪,大学中的历史学训练才得以在德国、法国和英国展开,并逐渐确立。19世纪之前的很长时间里,世人写作、阅读和研究历史是因为他能为眼下的困境提供经验,人们推进了达至真相的技巧,但大学并不训练专业的历史学家。例如,洛伦佐·瓦拉是一所大学的修辞学教授,这是个可将学生培养成司法人员和法官的领域。他发展了一种重要的历史研究方法——文本的语言学比对——但并未将之用于训练书写历史的学者。

历史学家的大学训练旨在传承和改进确定历史真相的办法。历史学学科的创始人之一,德国人利奥波德·冯·兰克(Leopold von Ranke)于1824年写下了那句非常著名的话,即他评价过去的目的并不在于教导后人;他只想表明"过去究竟是怎样的"。一些学者因为这种显得天真的观点而批评兰克,并主张没有任何史家能够完全捕捉过去;我们只能通过时间长河中流传下来的些许遗存了解过去。我们绝无可能知晓它们究竟是怎么回事。但这种批评是错误的。兰克承认自己的观点有失偏颇;他坦承"历史学家的意图取决于他的视角"。但他仍希望说服历史读者扩大其视角。

在众多新教国家未能克制住夸耀新教优越感之时,当欧洲各处的史家都倾向于强调各自民族叙事的独特性的时候,兰克则致力于更为客观的看法:"严格陈述事实,无论它们附带多少条件或者多么寡淡无味",只有这样,"历史事件的一致性和进程才能得以展开"。兰克试图迫使他的读者以不同的眼光看待过去。他对客观观点的主张取决于他对原始历史资料及其注脚的研究,从理论上讲,这些研究将使读者能够验证他的

主张。¹

兰克以研讨班（seminar）的形式教导他的学生（均为男性），仔细对比和批判历史资料的做法很快就有了国际上的追随者。美国历史学家查尔斯·K. 亚当斯（Charles K. Adams）于1889年写道："目前，世界上没有任何完备的历史教学不是建立在……德国的研讨班一开始设定的细致、准确和细微地检查史料的基础之上。"² 19世纪80年代到90年代之间，美国半数受过专业训练的历史学家都曾在德国学习过。兰克是美国历史协会自1884年成

1　Leopold von Ranke, *The Theory and Practice of History*, ed. with an introduction by Georg G. Iggers (London: Routledge, 2010), pp. 85–6. 对脚注的主题性讨论见 Anthony Grafton, The Footnote: A Curious History (Cambridge, MA: Harvard University Press, 1999).

2　Gabriele Lingelbach, "The Historical Discipline in the United States: Following the German Model?" in Eckhardt Fuchs and Benedikt Stuchtey, eds., *Across Cultural Borders: Historiography in Global Perspective* (Lanham, MD: Rowman & Littlefield), p. 194.

立后首个被任命为名誉会员的外国人，1886年他去世时，纽约雪城大学（Syracuse University）购买了他的个人文献，因为他对现代历史学科的建立起到了关键作用。

尽管兰克自己渴望超越德国历史，但历史学毕竟是随着民族主义的高涨，外加欧洲对世界其他地区优越性的不断增强才逐渐成长为一门学科的。历史学家急于讲述自己民族的历史，并且尤其关注现代官僚制民族国家的崛起，后者乃欧洲优越性的突出标志。欧洲的历史写作原则不仅成为美国历史学家的黄金法则，更是世界各地史家竞相效仿的对象。南美、非洲和亚洲的学生纷纷前往欧洲接受历史学博士训练；西欧成为所有历史发展之范本；而欧洲发展起来的史学技术也影响了全球范围的历史写作。例如，面对欧洲帝国主义的挑战，中国、日本的历史学家也在努力追赶他们的欧洲同行。

鉴于二战后去殖民化运动大获成功，人们可能会料到这种"欧洲中心主义"史学模式在20世纪90年代之前便遭到了抨击,而之后这些攻击来得迅速而激烈。迪佩什·查卡拉巴提(Dipesh Chakrabarty)首先以哀叹的语调做出了示范,他发表于1992年的言论现已产生了广泛的影响:

> 欧洲在历史知识中作为无声参照物的作用以一种非常普通的方式变得显而易见。非西方、第三世界的历史中存在至少两种日常可见的附属症状。第三世界历史学家认为需要参考欧洲历史著作;欧洲历史学家却觉得没有必要礼尚往来……历史学领域的"伟人"和楷模常常至少是文化上的"欧洲人"。"他们"在对非西方历史相对无知的情况下写作了自己的作品,但这似乎并未影响其作品的品质。然而,这是一种"我们"无法重蹈的覆辙。我们甚至无法在这个层面平等或对称地表现出自己的无知而不必

承受"老式"或"过时"的风险。[3]

查卡拉巴提的批判标志着一个转折点;虽然西方的历史研究模式继续发挥着巨大影响,但从20世纪90年代开始,欧洲和美国的历史学家已越发关注来自亚洲、非洲和美洲的学术研究和学者了。西方大学也开始竞相聘用来自非西方世界的历史学家。查卡拉巴提本人只是众多例子中的一个;他在印度出生、上学,然后在澳大利亚接受博士训练,最终在芝加哥大学任教。

由于欧洲发展起来的历史真理标准总是与欧洲主导的历史写作相生相伴,于是,对"欧洲中心主义"的抱怨往往也包含对历史真理标准的挑战。那么,与"欧洲中心主义"做斗争也要求攻击其预设的西方真理观念。

---

3 Dipesh Chakrabarty, *Provincializing Europe: Postcolonial Thought and Historical Difference* (Princeton, NJ: Princeton University Press, 2000), p. 28.

历史学者们对一手史料、注脚以及阐释上一致性和完备性的坚持是否因为它们与西方帝国主义的关系而注定受到玷污？一位文学学者在针对查卡拉巴提的一项不够深入的批判中主张，作为授权知识和真理的历史学科"与殖民主义密切交织，并且在任何严格的意义上都无法追溯到被称之为现代性的政治－认识论时刻。"[4] 此种主张直接用某种时间中心主义替换了"欧洲中心主义"，其中，"现代性"标志着它自身与此前所有历史的最终决裂。对历史知识和历史真相而言，这种说法是站不住脚的；历史学者早在大学中的历史学科产生之前便已经声称具有权威的知识和真理。

无论是历史还是对历史的关注都不独属于西方。中国学者书写了自公元前 9 世纪以来的历史，他们秉笔直

---

[4] Qadri Ismail, "(Not) at Home in (Hindu) India: Shahid Amin, Dipesh Chakrabarty, and the Critique of History," *Cultural Critique*, 68: 1 (2008): 210–47, quote p. 214.

书的愿望是如此强烈,乃至一些人宁愿赴死也不屈服于统治者的压力而曲意逢迎。12 世纪的穆斯林编年史家伊本·卡兰尼西(Ibn al-Qalānisī)则用我们今天熟悉的语言解释了他的目标:

> 我已经叙述完这部编年史中列出的事件,并按顺序排列它们,小心防范错误、轻率的判断,以及粗心忽略材料等问题,这些材料都是我从可信赖的人处转录而来,并在充分研究以验证它们之后才付之于众。[5]

由此,中国和阿拉伯穆斯林书写历史的传统——以及其他很多传统——共同分享了西方和现代性对历史真相的关切。

---

5 Chase F. Robinson, *Islamic Historiography* (Cambridge: Cambridge University Press, 2003), p. 143.

长久以来，世人对真相广泛而共同的渴望的确表明，历史的书写向来并且将继续突破历史学科的范畴；类似大学的建制也并非追求真相的必需。这种情况还表明，并非西方人才渴求真相。这种渴望早在西方殖民主义和帝国主义之前便已存在，并且能在众多不同的历史记录传统中找见。自雅典历史学家修昔底德开始（约公元前430年—前400年），学者们便不断声称自己比前辈们更为客观，即更接近真相。他们如此主张的理由是因为他们立足于前人的劳动之上。

然而，如果就此认为历史在不同时期和不同文化中总是相同的，则属误解。所有的历史形式，无论是文字记录的、口传的、图像的或者表演的，都依赖于叙事形式，即主张以某种时间顺序的设置表现过去的故事。然而，这些形式几乎都有着难以想象的变异；比如史诗，图像文本和织物，"结绳记事"（即南美洲印加人的奇谱 [quipos]），以及印度尼西亚加麦兰（即印尼的管弦乐器组合——译注）音乐等史诗叙事歌曲都与在西方发现的编年史、年代记、历史手稿和著作等具有某种叙事上的家族相似性，它们的形式是如此多样，以致西方史家常常对之视而不见。非西方的历史形式有一些共同的特征，但又在重要方面有所不同，我们对这些不同历史形式之独特逻辑的理解让历史和历史真相的概念得以扩展。傲视陌生历史形式的态度已不受欢迎，正如人们普遍对更为地方化的历史形式的蔑视一样。作为基准的真实的事实、一致性和完整性为历史表述提供了惊人的广阔空间。

19世纪的欧洲大学培养史家探寻一手史料的模式被证明是十分强大的，即便它不是获得真正历史知识的唯一可能形式。如果它无法产生关于过去的令人印象深刻的新知识，便不会被世界其他地方所效仿。东京大学1887年首次设立历史系时，这个部门仅授欧洲史。首位教授是来自柏林的德国历史学家路德维希·里斯（Ludwig

Riess），他师从兰克，是英国宪政史的专家。在历史系扩大到囊括了日本和"东方"史以后，"西方"历史则由德国史、英国史和法国史组成，因为它们被视为现代民族国家之历史实践和演变的典范。基于同样的理由，北美大学中教授的欧洲历史也专注于德国史、英国史和法国史，直到20世纪50年代冷战的兴起才让俄罗斯和东欧历史受到更多关注。

许多地方都可以讲述欧洲影响的类似故事。20世纪初，当拉普拉塔大学派出两位教授考察北美、欧洲尤其是德国讲授的史学方法后，兰克模式便进入了阿根廷。相关的方法被用于阿根廷的历史研究，随后又被引入墨西哥、智利、秘鲁、委内瑞拉和古巴等地。尽管像过去许多人一样认为南亚人一直到英国殖民者到来之前都缺乏历史意识是荒谬的，但帕尔塔·查特吉（Partha Chatterjee）等印度主要历史学家仍将自己的兴趣追溯至英国史家著作的影响。具体而言，他指的是E. H. 卡尔的

《历史是什么?》(*What is History*? 1961年)于20世纪60年代奠定了"史学方法的新篇章",因为在多数历史学家争相书写某一时期的政治精英和制度时,该书则强调社会史和经济史的重要性。[6] 卡尔生动的宣言影响了整个世界,因为它引起的英国、法国和德国史家的争论和辩论直到20世纪下半叶都一直不断地塑造着国际上的历史讨论。

然而,正如查卡拉巴提和查特吉的事例表明的,那些受过欧洲史学方法训练或受其影响的人可将这些方法变成挑战西方统治的工具。像查卡拉巴提一样,查特吉抵制了欧洲人对其他所有人群的历史的殖民:

> 看来,历史已经做出裁决,在后殖民世界中生

---

6 Partha Chatterjee, "Introduction: History and the Present," in Partha Chatterjee and Anjan Ghosh, eds., *History and the Present* (London: Anthem Press, 2006), p. 1.

活的我们只能充当现代性的永久消费者。作为历史唯一真正主题的欧洲和美洲不仅已经替我们编好了殖民启蒙和开发的脚本,而且还书写了我们反殖民的抗争和后殖民的苦难。甚至我们的想象力也必须永远被殖民。[7]

毋庸置疑,他无意让殖民化不受质疑;他用从一手材料中得来的证据推进自己对反殖民民族主义的理解,此种理解有其独特性而无法简化为对西方模式的肤浅模仿。

虽然世人对"欧洲中心主义"的强烈关切是最近才出现的事,但自19世纪末以来,受欧洲方法训练的历史学家一直出于自身目的而使用这些方法。与此同时,法国、英国和德国的历史学家则忙于挖掘他们的政府

---

7 Partha Chatterjee, *Empire and Nation: Selected Essays* (New York: Columbia University Press, 2010), p. 26 (essay first published in 1991).

档案,以加强法国、英国和相对年轻的德国(迟至1871年才完成统一)的民族凝聚力,日本史家则利用兰克的方法论证帝国传统是促进日本民族主义的一种方式。他们甚至用欧洲的文明概念服务于自身的目的。1869年,明治天皇下令构建一套"明确区分文明与野蛮"的历史叙事,日本则代表文明一方。日本20世纪上半叶一位重要的历史学家辻善之助(Tsuji Zennosuke)在1950年主张,日本融合了儒学和佛教等外来资源,但采纳的是它们的原初形式;因此,"东方文化的根源仅见于日本"。[8]

阿根廷则是一个更为引人注目的例子,因为自欧洲移民而来的阿根廷人人数众多。前述阿根廷派出到国外调研历史教学模式的两位教授之一的里卡多·罗哈斯(Ricardo Rojas)回国后,于1909年发表了一篇题

---

8 John S. Brownlee, *Japanese Historians and the National Myths, 1600–1945: The Age of the Gods and Emperor Jinmu* (Vancouver: UBC Press, 1997), pp. 82, 157.

为《民族主义复兴》（*The Nationalist Restoration*）的报告，此报告显然与阿根廷的民族主义有关。他在其中主张，为了应对外国思潮的影响，阿根廷人需要通过在学校讲授阿根廷的历史来形成自己的民族认同。在1916年阿根廷独立一百周年之际，他出版了《阿根廷》（*La Argentinidad*，意为阿根廷性 [Argentine-ness] 或阿根廷的本质 [the essence of Argentina]），他在其中颂扬了阿根廷史诗般的历史和集体记忆。并且他坚持认为，阿根廷的独立运动并未受到欧洲思想的启发，而是根植于本土思想资源。换言之，欧洲的历史研究方式可以用来支持非欧洲和反欧洲的身份认同。

暂时的真相

即便历史阐释建立在真实的事实之上，并且如学者所言那般逻辑连贯和完整，此种阐释的真实性也只是暂时的。新的事实可能会被发现，而完整的标准也随时间改变。长久以来，历史学家通过提供所谓的民族独特身份叙事的方式维持民族凝聚力；如今阅读这些叙事则揭示出彼时未能意识到的不完整性。爱国主义的这种聚光灯效应不仅局限于欧洲或西方；它无处不在。然而，我们在这些过去的努力面前感到优越自满之前，应该认识到，我们的历史总有一天也会变得不完整。

两个世纪以来，标准的美国历史叙述始于对哥伦布的致意，然后则是探寻 1607 年詹姆斯敦最初失利后英国殖民地的建立过程。尽管法国和西班牙拥有更大范围的土地，但史家主张他们把重点放在英国是有道理的，因为英语、英国政治及其法律制度最为深刻地塑造了这个国家。美国原住民或者他们所谓的印第安人则在很大程度上被忽视了。大卫·萨维尔·穆奇（David Savile Muzzey）在 1911—1933 年间发行多版的畅销教科书《美国史》（*An American History*）中毫不犹豫地诋毁了北美原始部落,并且还殃及当代非裔美国人:"他们〔印第安人部落〕拥有种类繁多的游戏和舞蹈,庄严的和放荡的兼而有之;他们还喜欢无所事事地晒太阳,就像今天密西西比的黑人一样。"[9] 他认为自己的叙述是自恰和完整的,但却并未认真关注原住民或非裔美国人。然而,穆奇发现自己被控写了一篇"叛国文",因为他并未对新生共和国的国父们做出足够积极的评论。

历史完整性观念的类似局限性可在澳大利亚等殖民地的历史中找见,也可在英国和法国等帝国历史中找到,更别说印度和中国了。直到最近几十年,澳大利亚学校中的课本仍以詹姆斯·库克 1770 年的抵达为起点,这忽视了原住民的悠久历史。2010 年更新的《牛津大不列颠史》(*The Oxford History of Britain*)仍然

9　David Savile Muzzey, *An American History* (Boston: Ginn, 1920), p. 20.

从英国的角度讲述"不列颠"的历史。威尔士人遭遇了恶政和混乱；英国人则为他们带来了和平与成功的政府。法国的历史很大程度上由奴隶或殖民进程中的暴力组成，人们也会从大都市的角度讲述法国史。而奴隶和混血人群的生活几乎未被触及。英语世界的学者在这方面紧随法国学者的步伐。1989年，西蒙·沙玛（Simon Schama）在关于法国大革命史的畅销书《公民》（*Citizens*）这本900页的著作中，仅把一行字的篇幅贡献给了1791年法属圣多明各的奴隶起义，而在解释法国国内的不满时也只是提到糖和咖啡的价格偏高等因素。直到21世纪初，法国教科书才开始深入研究法属殖民地的奴隶制历史。

印度和中国的民族主义历史学家必须弄清楚如何吸纳早于欧洲帝国主义入侵的外国统治经验。在印度，两种宽泛的叙述仍处于相互竞争的态势。印度教的民族主义者一直坚持认为印度本质上是一个试图抵御外国影响的印度教国家；在这些叙述中，统治当今印度大部分地区长达两个世纪之久的穆斯林莫卧儿王朝被贴上了异国、野蛮和暴力镇压的标签。相比之下，世俗的民族主义历史学家则认为，在英国人接管并煽动穆斯林和印度教徒群体的分裂之前，印度范围内的宗教并不存在分裂；为了论证自己的观点，他们会尽量弱化更早的社群主义宣言。而在整个20世纪，中国历史学家都在强调中国的国家同化能力，以及民族融合的合理性。

书写促进西方优越性思想的历史也蕴含了一种在今天看来短浅而非广阔的视野。西方被描绘为技术创新和文化进步的源泉（"现代性"）；东方则往往被贴上专制的标签而遭到唾弃，这与穆奇对美洲原住民的描述并无不同。德国哲学家G. W. F. 黑格尔在19世纪20年代关于世界历史之意义的讲座中开创了诋毁东方的悠久传统："迄今为止，东方仅有一人是自由的；希腊和罗马世界则仅有一些人是自由的;而德意志世界的所有人都是自由的。"德国人受益于路德和新教改革,这种改革"保障了人类的精神自由"。[10] 到现在为止,许多人都认为民主、自由市场、人权和法治——这是黑格尔的自由的全部变种——乃西方价值;在这条思路中,众人并不清楚东方可能会提供何种价值。对黑格尔来说,东方代表着不成熟、缺乏反思、征伐、淫荡和盲信。

然而,正如印度和中国的例子所示,夸耀自己种族、文化或文明优越性的嗜好并非西方国家独有。举个令人耳目一新的例子,尼日利亚境内的约鲁巴(Yoruba)、伊博(Igbo)、豪萨·弗拉尼(Hausa-Fulani)政客们就曾利用他们自己种族的历史来支持自己在国内权力分配中的竞争性诉求。一些历史学家试图争辩说,英国殖民当局

---

10 Georg Wilhelm Friedrich Hegel, *The Philosophy of History*, trans. J. Sibree (New York: Colonial Press, 1900), pp. 104 and 441.

有效地创造了单一且相互竞争的种族观念,但另一些史家则为民族(ethnicity)感的建立做出了自己的贡献。如果没有塞缪尔·约翰逊(Samuel Johnson)这样的非洲学者记录口述传统和历史见证者,并写作《约鲁巴人的历史》(*The History of the Yorubas*,1921年)等开创性努力,则不会有约鲁巴"民族"存在。在英国的控制下,尼日利亚人不得不为自己辩护,并反对英国人习以为常的看法,即非洲人在欧洲人到来之前都没有文字作品,因此也没有历史。然而,自1960年独立以来,尼日利亚的历史便面临着被种族割裂的风险;尼日利亚政府断断续续为维护中央权力而采取的努力也常常为历史研究提供主要按种族血统划分研究领域的资源。人们很难从自身的族群中抽身而出,一窥全貌。

这几个例子是否说明历史的真相是不可能得到的?尽管它们确实表明,绝对的真相是不可能的,但仔细观察便会发现,历史真相的标准十分有力,因为它们培养了批判精神。是否所有相关事实都被考虑到了？例如，若忽视了法国人、西班牙人、美洲原住民或非裔美国人的贡献，人们对美国身份的解释是否还完整？如果不考虑威尔士人的视角，英国的历史是否是连贯的？历史解释的建构本质上是脆弱的，总是受到新发现和新的完整性概念的影响。用于强化种族或民族认同并创造欧洲优越感的相同技艺也可用于挑战种族或民族叙事，并破坏西方的优越感。

正如我们在下一章中将要看到的，那些希望反对种族或民族叙事以及西方优越感的人依赖于19世纪初以来不断发展的同一套历史真相标准。如果没有公认的标准，则不存在确定过去真相的方法，尽管这真相可能是暂时的；实际上，我们甚至都不会有争辩真相的方法。要论辩，双方或多方必须就论辩规则达成一致，而赢得辩论意味着提出更好的论证。如果论证可以被改进或反驳，那么就存在隐含的证明标准。讨论和辩论至关重要，因为它们允许对完整性的定义做出修正，并鼓励那些历史研究者继续发现可能改变世人对过去之理解的事实。它们不断推动着历史的民主化进程。

第三章

历史中的政治

* * *

历史学科从诞生之初就不是民主的，但随着时间的推移，它为新的史家群体和新的历史类别进入其中开辟了道路。它曾是一个精英职业，旨在为精英的后代书写精英的过去，渐渐地，尽管进展十分缓慢，它开始承认女性、少数族裔和移民在行业中的地位及其在历史中的位置。结果，关于历史在当代民族国家和全球化世界中的角色的激烈辩论中，大量不同的声音纷纷出现。正如目前的纪念物和教科书争议所展现的，分歧十分严重，但这种不和谐不应该掩盖一个重要真相：辩论历史的意义对民主的存亡至关重要。论辩标志着民主制度的健康而非虚弱。专业历史的开放也使其摆脱了自己根深蒂固的偏见。

精英历史

下列数字清楚地表明了19世纪大学教育的精英地位。1870年,18-24岁的美国年轻人仅有1%接受高等教育,但这一数字却比当时任何国家都高。英国的这一比例为0.3%,法国为0.5%。德国和日本的数字也不高。在此种贫瘠的环境下,历史并未马上在所有地方作为一个独立的学科出现。例如,在英格兰的剑桥大学,历史直到1873年才成为一个独立的学科。在此之前,它被当作伦理学或法学的一部分讲授——如果它真的被讲授过的话。

19世纪70年代的历史指的是政治史,特别是过去的精英的历史。与牛津的同行一样,当时剑桥大学的著名历史学家约翰·西利(John Seeley)认为,历史就是过去的政治,而政治则代表了历史。年轻的精英们研究历史以便为自己参与政治、进入政府做好准备。的确,对西利而言,历史学便是"政治家的学校"。[1] 然而,这并不意味着学生们就会研习晚近的历史。在剑桥,学生们研习古希腊、古罗马、中世纪的欧洲和英国宪政方面的历史。对早期语言中古希腊和古罗马的研究长期以来被认为是所有通识教育(liberal education)的基石,而对于新的历史主题,古典作品则提供了政府形式和政治领袖的关键示例。现代欧洲几乎毫无地位,尽管西利已经尽了最大努力;世界其他地方则完全付之阙如。直到1933年,剑桥大学才设立了帝国史的教授席位。而美国史的教授席位直到二战期间的1944年才得以设立。

1873年,历史学已在哈佛学院享有一席之地,但与剑桥大学的情况大同小异。每个学生(均为男性)都必须在第二学年学习历史,内容为罗马史。此后,便可将

---

[1] George Kitson Clark, "A Hundred Years of the Teaching of History at Cambridge, 1873–1973," *The Historical Journal*, 16:3 (1973): 535–53, quote p. 540.

历史作为众多专业之一加以研习：所有选择历史专业的人都在第二年学习罗马和早期中世纪史；第三年学习10世纪到16世纪的欧洲史和中世纪制度史；最后一年学习1600年前的英国史、1600—1750年的现代史（比如欧洲史）以及自18世纪中叶以来的现代史。这些课程属于必修且别无选择。殖民地美国的历史和1776年后的美国史则分别到1875年和1876年才首次进入史学课程。

19世纪70年代，历史学作为一门学科正处于美国职业化浪潮的风口浪尖。在哈佛学院，中世纪历史由亨利·亚当斯（Henry Adams）讲授，他分别是两任美国总统的孙子和曾孙。他并未受过历史学训练，更别提中世纪历史了。尽管他在离开哈佛后写了一部备受推崇的美国历史著作，以及一本长期广受欢迎的思索法国中世纪的作品《圣·米歇尔山和沙特尔》（*Mont St. Michel and Chartres*，1913年）。除了中世纪的历史，亚当斯还在哈佛大学讲授殖民地美国的历史。他为哈佛大学引入了讨论班的教学方法，但在其幽默的自传中，他声称这样做只是因为自己无知，并且"不能假装教给学生们自己不知道的事情，而应该和他们一起努力找到最好的学习方法"。[2]

美国历史协会下属的一个工作组在1898年提出了改革中学历史教学的建议，旨在将大学对古代、中世纪和英国历史的关注与公民（许多都来自移民家庭）教育的需要相结合。该工作组建议在中学设立为期4年的历史研习课程；第一年专注于古代史和早期中世纪史；次年专注于中世纪史和现代欧洲历史；第三年则研习英国史；最后，第四年学习美国历史和公民学。报告中给出的理由提到了彼时的关切："现代政治的学生不能不知晓古代世界中的共和制、民主制中出现的问题、斗争和失

---

[2] Henry Adams, *The Education of Henry Adams: An Autobiography* (Boston: Houghton Mifflin Company, 1918), p. 302.

败";"不考虑其古典起源便对之进行探讨的人无法理解现代权力的特征";"英国的历史直到 1776 年仍是我们的历史";所有这些摆在一起后,"以这种方式,学生将获得一个相当完整和令人满意的历史概观,他们会掌握事件的发展过程,并将现在视为过去的产物"。[3] 用工作组的话说,这种历史"相当完整和令人满意",但他们并未提及西欧和美国以外的世界。

另辟蹊径

1898 年报告的执笔者们希望设置一门既适合男性也

---

[3] American Historical Association, "The Study of History in Schools (1898): A Report to the American Historical Association by the Committee of Seven, 1898." 此报告可在以下网址获取:https://www.historians.org/about-aha-and-membership/aha-history-and-archives/archives/the-study-of-history-in-schools。

适合女性的历史课程,然而大学中的历史课仍然是"政治家的学校",女性的地位远没有得到肯定。1918年前,女性无法在英国议会中投票或成为候选人,并且,女性迟至1928年才获得平等的投票权。1881年,剑桥大学开始允许女性参加考试,但实际上拒绝授予女性学位的做法一直延续到了1923年。三年后,女性终获在大学任职的权利。著名政治经济学家阿尔弗雷德·马歇尔(Alfred Marshall)曾异乎寻常地认为女性在智力上过于低下而无法从剑桥大学的教育中受益,多数大学男性显然认为女性不应上与男性同样的教育课程,也不应与男性竞争职位。

然而,因为剑桥大学于1869年(格顿学院)和1871年(纽纳姆学院)建立了女子学院,一些女性便能够一心投入课程学习,在允许的情况下与男性一道参加讲座,参加大学范围内的考试,以及赢得奖学金以从事进一步的研究等。艾琳·鲍尔(Eileen Power,1889—1940年)

是其中最引人瞩目的女性之一,她后来成了著名的中世纪史专家和经济史家。当剑桥于 1921 年再次投票拒绝女性获得学位时,她正任职于伦敦经济学院,即便如此,她还是在给一位友人的信中谈到,"我这么做显得非常不情愿,因为虽然我常常因为在格顿学院受到束缚而心生不快,但我仍热爱格顿学院和剑桥大学"。[4]

美国的女性在 1920 年获得了投票权,但她们在更早的时候便享有了受教育和获得教授职位的机会,部分原因是独立的女子学院如蒙特·霍利约克学院(1837 年)、瓦萨学院(1861 年)、韦尔斯利学院(1875 年)、史密斯学院(1875 年)和布林莫尔学院(1885 年)已大获成功。随着联邦划拨土地用于帮助在中西部和西部地区建立公立大学,准许女性入学的压力也越来越大,到 1900 年,

---

[4] Maxine Berg, *A Woman in History: Eileen Power, 1889–1940* (Cambridge: Cambridge University Press, 1996), p. 108.

女性已占全国大学学生数量的1/3以上。编写1898年中学教育报告的唯一女性成员露西·梅纳德·萨蒙（Lucy Maynard Salmon，1853—1927年）便是第一批获得密歇根大学本科学位的女性之一。

萨蒙的职业生涯反映了女性面临的困境。19世纪70年代，她跟随查尔斯·K.亚当斯求学于密歇根大学，后者是较早投身兰克研讨班教学方法的人之一。尽管亚当斯认为女性不适合参加研讨班，但他在萨蒙研究生学习期间仍继续为其提供建议。后来，萨蒙跟随未来的总统伍德罗·威尔逊（Woodrow Wilson）在布林莫尔攻读研究生学位，后者当时已是一位政治学和历史学教授。威尔逊对萨蒙的研究并不感兴趣，但当她关于美国总统任命权的硕士论文发表并获得好评后，瓦萨学院为她提供了经济学、政治学和历史学方面仅有的一个教员职位。旋即，她在教学中引入了研讨班方法，并且与1898年报告的合作者一道，鼓励中学历史教育从对事实的死记硬背转向讲授批判性思维和对一手材料的研究。

女性在历史职业中的地位在得到承认后并没有直线上升。20世纪50—60年代期间,女性在美国历史专业中的地位可能实际上已经下降,而到了70年代,许多大学历史系都已拒绝雇佣女性。我于1974年受聘为加州大学伯克利分校的历史系助理教授,此时距离萨蒙获得她第一个学位整整100年,距离剑桥同意授予女性学位50年,而我只是第四位入职本校历史系的女性。第一位名叫艾德丽安·科赫(Adrienne Koch),她于1961年到1965年间在本校任教;第二位唤作娜塔莉·泽蒙·戴维斯(Natalie Zemon Davis),于1970年入职。当我于1984年晋升为正教授时,我是这个拥有40名正教授的历史系中唯一获此职位的女性(戴维斯早已入职普林斯顿大学)。

我们这一代人中的每一位女性历史学家都有着类似的故事:20世纪70年代初,美国13%的历史学博士学位颁给了女性,但女性占主流研究生院历史系教职的比例仅为1%。接下来的几十年里,局面发生了巨大的变化:到2008年,女性获得所有新近颁发的历史学博士学位的比例已超40%,并占四年制学院和大学中的历史系教员数量的35%。[5] 2017年,加州大学伯克利分校历史系中的26名正教授中有9位是女性。而在同一年,悉尼大学历史系的37名教员中有15名女性。在2012年的英国,女性占历史系所有学术员工总数的近40%,但正教授中仅有21%为女性。[6] 学术阶梯越往上,女性数量越少,所有国家均是如此。

---

5 Robert B. Townsend, "What the Data Reveals about Women Historians" (American Historical Association, May 2010). 此数据可在以下网址获取:https://www.historians.org/publications-and-directories/perspectives-on-history/may-2010/what-the-data-reveals-about-women-historians。

6 Royal Historical Society, "Gender Equality and Historians in UK Higher Education" (January 2015). 获取网址:https://royalhistsoc.org/wp-content/uploads/2015/02/RHSGenderEqualityReport-Jan-15.pdf。

别开生面

女性获得历史职位只是局面得以改观的一部分。少数群体、原住民,乃至工薪阶层的白人学生也都面临入职障碍,这些障碍与女性面临的无异,多数情况下甚至有过之而无不及。资深学者中少有像研究北美殖民时期的著名史家卡尔·布里登博(Carl Bridenbaugh)那般赤裸裸地表达自己观点之人。他曾求学于达特茅斯学院和哈佛大学,后来于1950年至1962年间任教于加州大学伯克利分校,即便在女性和少数族裔进入历史系之前,他就已无法忍受白人男性移民的涌入。1962年(请注意:并非1862年!),他在就职美国历史协会主席的演讲中,对越来越多来自"下层中产或有移民背景的"年轻历史学家感到遗憾,认为他们的"情感常常阻碍历史的重建"。显然,中上阶层(白人、男性)的史学家并不会遭遇这种不利情况。也许他心中所想的是犹太人,他们在数十年的排挤之后刚刚站稳了脚跟。他得出结论说,"今天在城市长大的多数学者"都难以为学生生动地展现过去的历史。[7]

毫不奇怪,历史专业中的非白人面临的障碍尤为艰难。晚至 1999 年,非白人群体仅占获得美国所有主流大学历史学博士学位人数的 7%,占新近设立的历史学博士学位的 12%。到 2010 年,新设立的历史学博士学位中,少数族裔和族群的比例升至近 19%,而根据 2010 年的美国人口普查结果,28% 的美国人自认为是非白人。在这方面,美国历史学长期落后于其他学科。英国的情况似乎也是如此,尽管我们难以找到可资比较的统计数据。根据高等教育统计局(HESA)收集的数据,2015 年,英国大学一年级的学生(包括本科生和研究生)中

---

7 Carl Bridenbaugh, "The Great Mutation," *The American Historical Review*, 68: 2 (1963), 315–31, quotes pp. 322–3, 328.

有22%来自少数族裔,这一比例略高于大学适龄人口中少数族裔的比例,但历史学和哲学(被划分为一类)在2015年仅吸纳了10.7%的少数族群本科生。

然而,数字并非故事的全部。在其2005年出版的自传中,美国历史协会的第一位非裔美国人主席约翰·霍普·富兰克林(John Hope Franklin,1915—2009年)简要回顾了他一生中所遭受的种族屈辱。6岁时,他因不小心占了为白人预留的位置而被赶下火车;19岁时,他差点就在密西西比州被处以私刑;21岁时,他作为哈佛大学研究生参加一次活动的时候被拒绝提供服务;40岁时,他在南方一所档案馆中被称作"哈佛黑鬼"(Harvard nigger,南方一些档案馆压根不承认非裔美国人的身份);当他80岁的时候,他在华盛顿特区一家俱乐部被要求为一位男性白人挂外套,但他是那里的会员而非服务生。此类事例还有很多;对于来自少数族裔的学生而言,人们几乎无法理解他们过去在大学立足是多么艰难，现在的情况也常常如此，即便他们的教授（比如富兰克林在哈佛的教授）多数富有同情心。

最近的调查显示，英国大学中的少数族群仍然感到自己被孤立、被边缘化和受到排挤。广受欢迎的牙买加裔文化批评家斯图亚特·霍尔（Stuart Hall）则坚持认为，他在1951年拿着罗德奖学金首次来到牛津大学的时候并未感受到明显的种族主义氛围，尽管他"常常是屋子里唯一的黑人"。牛津校方人员对黑人学生很礼貌——"我们因为人数甚少而被视为奇特和特殊的，而非因为我们会造成任何威胁。"但是到酒吧或咖啡馆后，他发现"我浑身不自在……我知道众人盯着我看的原因是我们身上令人不适的差异"。[8] 根据高等教育统计局的数据，2015—2016年间，英国大学中的学术职员仅有不到2%为黑人，

---

8 Stuart Hall (with Bill Schwarz), *Familiar Stranger: A Life Between Two Islands* (Durham, NC: Duke University Press, 2017), pp. 157-8.

亚裔的比例仅为8%。

由于历史系的学生尤其是教授的结构一开始就变化缓慢，只是后来才加速改变，因此，史学研究起初也变化缓慢，直到最近几十年才发生更加深刻的转变。如上所述，欧洲和美国大学的史学研究最初关注的是希腊、罗马和中世纪欧洲史等领域。国别史在19世纪末占据了更大的比例，到19世纪10年代，它们则已经成为史学的主要领域，至少美国如此。1911年哈佛列出的史学研究的课程学分列表中，几乎所有现代欧洲史课程都将重心放在了单个民族国家的历史上。其中，英国史和法国史受到最为细致的关注，但德国、意大利、俄罗斯和西班牙的现代史也都单独设有课程。专业化时代业已来临。史学研究的重心已经从古典世界转向现代，其结果是民族国家正在重塑史学研究的格局。但在美国史领域，尽管就现代主题开设的课程比19世纪70年代更多，但它仍处于中世纪和现代欧洲史的阴影之下；即便在美国，它也并未占据史学研究的核心位置。

更多地关注中世纪和现代欧洲史而非美国史仍将继续成为美国大学历史系精英地位的标志。2017年，加州大学伯克利分校历史系网页上列出的教授中有16位研究中世纪和现代欧洲史，13位研究美国史。然而，总体而言，2015年美国四年制学院和大学的教员中讲授美国史的比例已超过41%，相比之下，讲授欧洲史的教员比例则为32%；自20世纪70年代以来，研究欧洲史的教员数量一直呈逐年下降趋势，而专研非西方史的教员比例则不断扩大。如此一来，美国大学中欧洲史研究的衰落和非西方历史的兴起与学生群体结构的民主化趋势步调一致，也许，部分原因也在于欧洲史似乎不仅属于精英而且属于白人。

然而，历史学主题的民主化与其说源自其研究地域的巨大变化，不如说是来自方法的转变。毫不奇怪，新的方法得到了相对较为边缘的人士的支持，例如开创性的女性历史学家露西·萨蒙和艾琳·鲍尔等人。萨蒙一开始的身份是政治史家,但她很快将注意力转向了社会史,她先是出版了一本广受关注的以家政服务为主题的著作(1879年),然后非常有先见之明地撰写了一些论述我们如今称为物质文化研究之重要性的论文。例如,在其《后院历史》("History in a Back Yard",1911年)中,萨蒙以篱笆为例讨论了财产安排的法律制度,她还以花园为例谈论了所谓的常见植物的全球起源问题。艾琳·鲍尔则为社会史(《中世纪的人们》[Medival People],1924年)和女性史(《中世纪英国修女院》[Medival English Nunneries],1922年)做出了重要贡献,与萨蒙类似,她在与人共同编辑一系列旅行游记的过程中也预见到了我们目前对全球互联的迷恋。她在为期一年的环游世界的奖学金资助下去了印度和中国,期间还见到了一起合作的编辑 E. 丹尼森·罗斯(E. Denison Ross)。

历史学科在20世纪里不断涌现出新的方法。它们都坚持超越传统的政治史研究,即国王、议会、战争和条约的历史。从20世纪初的几十年起,具备革新意识的史家便一直吁求与人类学、社会学和经济学结成新的联盟。他们主张,统治者和条约的名字和日期应让位于普通大众的思想和生活方式。

这些方法中最有影响的一种被称为社会史,因为它将注意力集中在此前被忽略的社会范畴,比如工人、奴隶、原住民、被殖民的人们、女性和少数族群等。像萨蒙和鲍尔等少数先驱在此之前便已指明了方向,而随着对教区记录、人口普查、宗教法庭记录、警局文档、行为手册和家庭账目簿研究的推进,历史学家得以在议会、外交和其他官方渠道之外了解寻常百姓(无论是危急时期还是长期)的生活状况,社会史最终在20世纪60—70年代迅速崛起。

文化史研究出现于20世纪80年代到90年代,与社会史学家一样,文化史学家通过批判其前辈来建立自己的阵地。社会史学家认为传统的政治史太过狭隘而无法容纳普通人的经历；文化史学家则认为，社会史向来将自己限制在固定的社会范畴之中，比如奴隶、工人和女性，却并未考察这些范畴是如何获得自身的意义的。文化史学家研究人们用以理解世界的各种范畴。例如，他们并不分析法国大革命期间暴力群众的社会构成，而是去研究暴乱者所挑战的符号和他们所偏爱的符号。学者们不再认为文化观念自动得自社会认同；相反，文化意义塑造了社会身份。

自20世纪90年代以来，特别自2000年以来，历史学家一直在许多不同方向同时展开探索：全球联系、环境、宗教、种族，以及后殖民和后威权社会的命运等悉数在列。没有哪一种方法占据主导地位，甚至政治史也卷土重来。最近一项关于1975年到2015年美国历史学家方法论变迁的研究表明，最受青睐的是女性/性别史和文化史方法，而社会史、思想史和外交史方法的使用则降幅最大。许多起步较低的较小的领域也增长迅速：比如环境史、宗教史、种族史和公众史等等。然而，最引人注目的则是如此庞大的不同方法的数量；2015年，女性史和性别史的规模在史学研究中独占鳌头，但采用这种方法的历史学家人数也仅占整个领域的10%。[9] 史学研究现在包含了从古代美索不达米亚地区的垃圾到现代悉尼海域的冲浪在内的所有事项。但如果它不再是"政治家的学校"，那它又是什么呢？

历史与公民身份

虽然历史学不再是"政治家的学校"，但它仍然是"公

---

9 Robert B. Townsend, "The Rise and Decline of History Specializations over the Past 40 Years" (American Historical Association, December 2015). 获取地址：https://www.historians.org/publications-and-directories/perspectives-on-history/december-2015/the-rise-and-decline-of-history-specializations-over-the-past-40-years。

民身份的学校",并且自19世纪末大众政治出现以来便是如此。然而,公民身份的定义如今已更为宽泛。它不再仅仅关乎世人对民族的归属感,尽管此义尚存,但它更关乎一个民族以及其中的每个个体如何与更大范围的全球乃至宇宙相适配。国别史仍会继续在小学和中学阶段占据优先地位,因为多数与公民身份相关的行为(比如投票等)仍会发生在民族国家的框架之中。欧盟的艰难历程表明,在缺乏多民族共同历史感的前提下,建立多民族的主权体系是多么艰难。出于这个原因,欧盟试图鼓励其成员国更多地教授欧洲历史。讽刺的是,欧洲史,而不仅仅是法国、德国或英国的历史在美国讲授的历史远远超过了欧洲本身,因为美国的欧洲史教学先是在于培养精英,后来,一战和二战的爆发又在美国及其欧洲盟国之间创造了共同的价值观。由于欧洲已不太可能爆发战争,美国政府便越发关注南部边境和亚洲的发展,欧洲史的上述角色分量开始下降。

如今，美国的全球史和国别史相互协调，这不仅因为美国拥有全球性的政治和经济利益，而且因为世界各地的人们通过移民的方式抵达了这个国家。随着拉丁美洲和亚洲移民人数的激增，欧洲人占美国境外出生的人口比例从1960年的75%骤降至2014年的11%。因此，美国的民族叙事现在更多地包含了来自非欧洲国家的美国人，尽管欧洲裔美国人仍在其中占据首要位置。更惹人注目的是，世界史已在很大程度上取代欧洲史，成为美国中学历史教学甚至相当比重的大学中美国史的附属点缀。现如今，选择世界史参加大学委员会预修课程考试的中学生人数是选择欧洲史人数的两倍多。

在英国，全球史和国别史的发展并驾齐驱，因为英国早在18世纪便是世界级帝国，并且它也吸引了来自全世界的移民。1993年到2015年间，境外出生的英国人口增加了 倍多，到2015年，这部分人口占总人口的比例为13.5%（美国可资比较的数字几乎与之一致，为

13.7%）。英国政府为中学教育普通证书制定的史学指南（适用于年龄在15—16岁的学生）要求，至少40%的内容为英国史，并且要求关注三个不同的地理范畴：局部的、英国的、欧洲或更大范围的世界背景。看来，更大范围的世界享有与欧洲同样的权重。

全球史重要性的提升也可从英国历史系的构成中看出端倪。剑桥大学2017年列出的史学教授中，主要关注英国的人数不足1/4，关注欧洲的人数比例超过1/3，另外1/3则关注西方以外的世界。而在华威大学，几乎2/3的史学教员表现出了对全球问题的兴趣，半数表示关心欧洲史，另外一半对英国史感兴趣。令人惊讶的是，澳大利亚史学界似乎并未对全球史表现出更大的兴趣，尽管按照美国或英国的标准，澳大利亚的大部分历史明显被归为全球史。2017年，悉尼大学历史系1/3的教员将澳大利亚史作为自己的主要学术兴趣，而表示对欧洲史感兴趣的教员比例则为1/3出头，关注美国史的比例为

15%，剩下15%则对西方以外的历史感兴趣。[10]

对国别史和一国内部不同族群历史的关注程度会持续引发问题。以美国为例，共和党全国委员会于2014年8月通过一项决议，旨在谴责新颁布的预修课程大纲中的高中美国史内容，声称它"反映了美国史的极端修正主义观点，其中强调了我国历史中的消极方面，并且无视积极方面或将其极力弱化"。2015年，俄克拉何马州一位州议员提出了一项法案，要求州教育委员会拒绝新的大纲，并转而讲授包括大宪章（Magna Carta）、十诫和罗纳德·里根的演讲在内的"基础性"文件。该法案制定者为黑袍团（Black Robe Regiment）成员，据其网站介绍，该组织旨在讲授"我们的责任，即依照《圣经》捍

---

10 此处所有数据均参考了相关大学的网站得出。以剑桥大学为例，我统计了相关网页上列出的史学教授的主要关注领域。而对于华威大学，我使用了该校的在线专家查询系统，其中查得的教职员研究领域则较为多样。对于悉尼大学，我计算了所有教员的研究领域。

卫我们的主和救世主,以及保卫神启的美国宪法赋予有德之人的自由与权利"。[11] 不要为他们分离教会和国家!该法案在招致广泛批评后被撤回,但不断的投诉也让课程大纲在修订过程中更加偏重美国例外论和建国之父们的事迹。

英国的辩论一向不那么充满恶意,但同样旷日持久。英国长期以来比较担忧自身的岛国狭隘性。1926年,督学已经表示担心小学阶段的历史教学过于关注英国和大英帝国,而很少讲授世界史。他们建议,更多关注世界史可能有助于进一步避免灾难性的世界大战发生。尽管这种希冀被证明为天真,但学校赋予英国历史的权重仍会定期引发争议。2013年,当保守党教育部长

---

[11] 例如,关于预修课程的争议可见:Lauren Gambino, "Oklahoma Educators Fear High School History Bill Will Have 'Devastating' Impact" (Guardian, February 20, 2015)。获取地址: https://www.theguardian.com/us-news/2015/feb/20/oklahoma-ap-history-bill-devastating-dan-fisher。关于黑袍团的介绍可见:http://www.blackrobereg.org/。

迈克尔·戈夫（Michael Gove）试图推行旨在加强英国史在学校课程设置中比重的改革时，教师和主流学者的强烈反对迫使他选择了放弃，并在后续改革中加入了更多世界史内容，同时为移民史和伊斯兰史教学留出了更多空间。

此类争端的各种版本正在世界各地上演，但它们会因为地区政治和地缘政治局势而以不同面目出现。比如在加拿大，此种争论在两拨人之间展开，前者想更关注说英语的加拿大人的历史，后者则试图更关注讲法语的加拿大人的历史。而在巴西，一些教育工作者赞成更多地囊括原住民的历史和非裔巴西人的历史。南非的教师则试图将支持种族隔离制度的课程变成更具包容性和更加民主的课程。

世界史有时代表了世人对文化多元主义的更多关注，就像美国和英国的情况一样，在这种背景下，世界史代表了一种超越国家的公民身份概念，同时它又不否认国家公民身份的诉求。然而，全球史所表现出的真正的世界主义形式并非要取代小学、中学课堂中讲授的国别史，甚至如此形式的世界主义是值得期待的这一点也并不明显，因为历史在创造民族凝聚力方面仍发挥着至关重要的作用。书写历史总有其角度，而世界主义将会是一种怎样的角度仍晦暗不明：它是一种无源之见呢，还是来自不同的地方抑或是来自外太空？

尽管如此，全球视角正越发受到欢迎，部分原因在于，许多地方正面临同样棘手的问题。新的组织和期刊为这些跨越边境的国家争端提供了交换意见的论坛。2004 年，国际历史教育者研究网络（HEIRNET）得以组建，它设立了一个名为《国际历史教学与研究》（*International Journal of Historical Learning, Teaching, and Research*）的杂志以期推动此类讨论。《国际历史教育评论》（*International Review of History Education*）杂志也服务于类似的目的。国际历史教育者研究网 2017 年的会议征文主题为"当前气候变化、全球冲突、大规模移民和民族主义崛起的多重危机"。[12] 民族主义长期以来一直是史学的朋友,但有时候也可能成为它的头号敌人。

与教科书的例子类似,学校的指导方针和标准也是社会热点问题,因为它们是民族认同的核心,并且它们几乎总是处于变动之中,因为民族认同问题的解决绝非一蹴而就。这种局面由历史本身决定。关于历史的争论总是发生在一个政体强大到能够允许反思并重建国家之过去的时刻。独裁政权则往往会禁止讨论历史真相。

西班牙的佛朗哥和葡萄牙的安东尼奥·萨拉查(Antonio Salazar)治下的独裁政权并未试图灌输某种新型意识形态;相反,他们会仔细监管教师和教科书,从而确保教师讲授服从家族、天主教会和国家的传统价值

---

12 https://www.dcu.ie/stem_education_innovation_global_studies/events/2017/May/HEIRNET-2017-Conference.shtml.

观。萨拉查还在官方仪式和出版物中将自己描绘成葡萄牙数百年历史的天然继承者。他反对教育的民主化，认为这将破坏一个良序社会所必需的等级制度。与此同时，奉行种族隔离制度的南非政权推行的教科书更是教导说，上帝早已规定了白人和黑人之间的永久隔离。

其他此类事例还可以无止境地列举下去，而土耳其政府对描写1915—1916年大规模屠杀亚美尼亚人的著作的反应则为我们提供了一个持续困扰国际关系的例子。土耳其政府也承认，奥斯曼土耳其人将亚美尼亚人从安纳托利亚东部驱逐出境的过程中造成了成千上万人死亡。分歧在于死亡人数——土耳其人认为是30万，亚美尼亚人则认为有150万——以及作为争论焦点的意图：这是一场蓄意为之的种族灭绝吗？问题并不在于土耳其政府解释这并非种族屠杀是错误的，因为此种分歧尚有争论的空间，而是它试图阻止辩论；土耳其政府用一纸禁止"冒犯土耳其"（2008年改为禁止"冒犯土耳其民族"）

的法令威胁那些可能对此事过于严苛的作家和学者。

然而，对于过去和现在的威权主义者操纵历史和控制记忆的所有努力而言，历史和记忆总有实现突破的方式，这在很大程度上要归功于受过史学训练之人编写和讲授的历史。历史始于精英探寻关于自身的故事，但时代在变，历史书写和讲授的内容也在变。历史可能并非民主社会的第一道防线，但它实际上也非常靠近前线，因为对历史的理解提升了我们穿透那些有意编织的谎言迷雾的能力。此外，历史通过不断为身份竞争提供新的领域而巩固了民主社会。新的兴趣、新的研究人员和新的资源会让这些领域重新焕发活力。在检索、重建和辩论的过程中，不同群体、国家或世界都获得了更为牢固的立足点。我们在下一章会探索一些新的史学方法和路径，它们让历史成为理解当下生活众多不同面相的门径。

第四章

史学的未来

*　*　*

如今,历史所教导的公民身份还包括对最广阔的地理范围和最深邃的时间尺度的关注。这种拓宽和深化反映了历史学科和历史在我们生活中用途的变化。环境史和气候史等新方法为应对这颗星球上所有人类关切的问题提供了激动人心的全新视角。绝大多数人都是某个国家的正式公民,但即使作为一个国家或者更大的联盟(比如欧盟)的公民,我们所有人也都具备历史形成的别种身份。我们承担着家族、邻里、种族、性别、欲求、地区或其他任何我们认为可以定义我们是谁的地方性身份。与此同时,我们必须直面参与全球化浪潮后所面临的技术和经济的快速变迁、无法预料的战争、令人震惊的恐怖主义行为、流行病、大规模人口流动及灾难性气候事件究竟意味着什么。因此,历史对未来提出了一个庞大的议程,然而,它最持久的吸引力之一是能够为我们提供理解眼下关切之事的角度,甚至还能让我们从这些近忧中解脱出来。然而,解脱并非逃避现实;拉开我们与自身关切的距离可以培养一种对群体或民族荣耀更为批判性的态度,也让我们对其他民族和文化态度更为开放。历史自有其伦理准则。

全球的历史

我们每个人都生活在相互交织的地理和时间单位之中,它们会影响我们对历史的看法。我那沉默寡言的外祖父是从乌克兰西部移民到明尼苏达州中西部的;我小时候称乌克兰为俄罗斯,因为它当时属于苏联。外祖父和外祖母的母语都是德语,尽管外祖母出生在明尼苏达州西部的一个农场。出生在巴拿马对我也并没有什么明显的影响,因为在我两岁的时候,我们就搬回了明尼苏达州。在20世纪五六十年代长大的我发现自己对欧洲研究,特别是德国历史而非拉丁美洲的历史感兴趣。我认为自己很幸运能成为一名美国人,我知道自己拥有来自白人和中产阶级的优势,即便我的母亲从未上过大学。大学期间,我花了许多时间与朋友讨论只要生活在纳粹德国就一定会经历的事情(我祖父的名字是阿道夫!)。我会对犹太人、共产党人、同性恋者、吉普赛人(Roma,又称Romani[罗姆人],通常与Sinti[新特人]一并被误称为Gypsies[吉普赛人])和残疾人身上发生的事情表示抵制或者干脆视而不见吗?

每个历史学家选择自己专业领域的背后都有一段故事可讲。讽刺的是,我最终选择了法国史,因为它不是德国史。我此前从未到过欧洲,但与小说家F.斯各特·菲茨杰拉德(F. Scott Fitzgerald)长于同一个故乡,我想象中的巴黎比任何德国城市都更迷人（事实上也的确如此），特别是德国被分割为东德和西德令人无法研究柏林。法国的法国史学家当时正着手提出一个具有世界影响的研究方法，而我在博士一年级时仍从事德国史研究，当时的法国正在经历1968年的五月风暴。因此，我决心专注于1789年法国大革命，这是一场好的革命，而不像纳粹势力的上升所导致的糟糕革命。这是一场尚无定论的革命，我想弄清楚它的意义。

然而，我们不应局限于自己的地理和时代范围。如果你正在上大学或生活在城市，你很可能会听到来自世界各地的语言。你可能会对印度尼西亚、尼日利亚或者秘鲁的历史产生热情，即便你与这些地方并无瓜葛，而你在研究的过程中又会编织新的联系网。此外，无论是否明显，你周围尽是时间的沉淀，它们不只是很容易看出来历的两三个世纪之前的东西。历史就是时间，然而，历史学家直到最近都很少注意到这一点。这种局面正在改变。

西方世界发展起来的历史学科主要有三种处理时间的方法:寻求范例、预测进步,以及我因为缺乏更好的术语而称之为"整体地球时间"(whole earth time)的晚近方法。尽管三者先后有序,但它们目前也都在发挥作用。

历史在19世纪首次成为大学中的一门学科时,年轻的精英们学到的是希腊、罗马的历史,因为古典时代伟大的演说家、政治家和将军被视为典范,即政治和军事领袖的最佳楷模。历史仍然可以以这种方式发挥作用,因为人类会为了对历史上的人物表示认同而在想象中神游到数个世纪乃至上千年之前,并从后者的困厄中学到东西。像美国前总统比尔·克林顿(1992—2000年在任)和中国前总理温家宝(2003—2013年在任)等众多不同的政治人物都曾引述罗马皇帝马可·奥勒留(161—180年)的著作以示其对他们的影响。"对智者来说,生活是个疑问,"这位皇帝写道,"对愚者而言,生活是个解脱。"人类的很多问题都是永恒的。

从19世纪中叶到20世纪中叶,寻求范例多少已让位于第二种史学方法:预测进步。历史被视为包含全球所有地区的单一线性进程。未来意味着改良,而不是从之前的黄金时代的退化,也并非仅仅是不可避免的兴衰循环的结果。因此,过去再也无法成为现代的绝对可靠的指南;过去必须被超越乃至抛弃。历史学家现在认为今人优于古人,并且推论性地将西欧乃至整个西方描绘得比世界其他地方都要优越。进步的信念——理性和科学的胜利是其验证——有助于巩固西方世界对其他地区的优越感;西方及其世俗的现代性版本现在已经代表了整个世界的未来。

德国哲学家黑格尔曾提出一个有影响力的进步模型,尽管存在明显的缺陷,但仍然施展着巨大的思想能量。在他作于19世纪20年代的历史哲学讲座中,一上来就提到,全球的历史都是某个单一历史的组成部分这个前提条件。基督教的上帝在其中发挥了作用,但只能通过人类对理性精神之神圣原则的表达起作用。简而言之,必须从世俗的角度分析世界的单一历史;宗教服从于历史和哲学。

对黑格尔而言,这个单一的历史揭示了理性精神的进步性胜利,但却具有独特的空间维度。"世界历史从东方到西方,"他坚持说道,"因为欧洲绝对是历史的终点,亚洲是开端。"东方代表了"历史的童年时期"。[1] 仅有欧洲,尤其是德国才实现了理性和自由的成熟表达。尽管如此,黑格尔预测美国将来会走向历史的中心。他对技术乃至经济进步并不感兴趣;对他而言,进步的基准是官僚国家根据所有公民一律平等的法律供养生命的胜利。他认为奴隶制内在就是不公正的,但认为它应该

---

[1] Hegel, *The Philosophy of History*, pp. 103 and 105.

只能被逐渐废除。然而，女性无法像男性那样成为自由的个体；根据黑格尔的观点，她们的命运是由家庭定义的，而非从普遍理性的角度对自由进行概念化的能力所定义。

在你开始感到自己优于黑格尔之前，你已在他的论述中察觉到了欧洲中心主义、性别歧视以及种族主义的端倪，你可能想要反思你的判断中暗含的反讽：正是黑格尔对历史如何前进的感知让你"回"过头审视他，并且看到了他的不足，犹如他回看亚洲人或希腊人一样，他也认为自己看到了他们的缺陷。黑格尔确信，历史的进步揭示了过去隐含的真理，而真理是自由的内在目的（telos，即希腊语中表示"终结"或"目的"的语词）。在历史上的一切都指向这个最终目的或目标的意义上，他的叙述是目的论的；如果世界历史是自由意识的进步，那么，历史上发生的所有事情都朝向这个目标。然而，我们必须承认，即便我们紧跟时代，也难免如此看待历史。如果历史并非朝向自由的进程，那它有何意义？它与资本主义的兴起、现代性的扩散、全球化进程以及中央集权国家的日益强大有关吗——历史是所有这些的全部还是别的什么？非目的论的历史或者缺乏内在动力的历史还会有趣吗？这个问题仍需掰扯一番，但黑格尔如此强有力地将其列入议程也至少值得称许。

对进步的信仰不仅限于黑格尔或通常的知识分子。一直到一战之前，尽管也存在一些警觉的悲观主义，但西方多数受过教育的人相信知识在增加、技术在发展、经济在增长、教育变得更加民主，代议制政府正在取得胜利。现代化进程遍地开花，尽管节奏不同、起伏不定。而一战期间致命且看似毫无意义的堑壕战，1929年的经济萧条，以及20世纪30年代法西斯主义的兴起等引发了世人对进步叙事的严重质疑。二战及其可怕的伤亡人数，政府层面有组织地杀害600万犹太人，以及可能摧毁地球上大部分生命的炸弹的发明和使用等，都越发加深了世人对进步的疑虑。技术可以大规模地造成死亡，国家权力可能服务于邪恶的目的，受过高等教育和生活富足之人也可能支持种族主义政策，科学可能有助于摧毁地球。进步的信念并未消失，但正受到质疑。

第三种处理时间的方法，即整体地球时间，仍处于萌芽状态。这个术语是我能想到的最好的表达，它能将历史学科中的不同发展阶段融合进更为深刻和宏大的时间感之中，从而使地球及其不断变化的环境成为焦点。这种方法提出了一种全方位展开的全球历史，这种历史概念为地球上所有人以及人类之外的生命形式都留出了空间，它还提出了这样一种时间意识，即承认多重线索汇聚在一起创造了当前我们所处的环境，尽管我们都生活于其中，但体验却各不相同。尽管如此，它仍然源于黑格尔的一个关键原则：我们所有人都参与到了同样的历史进程之中。然而，与黑格尔的历史不同，我们时代的全球史并不预示着西方的优越感或任何单一性别、种族、民族或文化的至高无上性。

更深层次的时间感是至关重要的,因为如今在考虑到全球变暖和环境破坏等因素后,地球本身已成为关注的焦点。在18—19世纪,地质学家证明了地球的年龄比《圣经》所教导的要古老得多。而在此之前,基督教世界中的多数人都相信创世发生在公元前4000年左右。一位特别有影响的新教牧师詹姆斯·厄舍尔(James Ussher)则讲得更加具体:他在一本出版于1658年的作品中主张,宇宙受造于公元前4004年10月23日的前一晚,因而时间也始于此时。10月23日是当时英国仍在使用的罗马儒略历中的日期;也即公历中的9月21日。科学家们不断将地球年龄往前推进,从一开始的成千上万年到数百万年,一直到如今的数十亿年。地球更古老年龄的发现并未立即改变历史学家们心中何谓历史的信念;文字出现之前的万事万物都部分被视为史前之物,从而是考古学和人类学而非历史学的主题。写作系统的发明可以追溯至公元前 3100 年左右，这与早期基督教年代学研究《圣经》后得出的时间框架并无不同。

而且，随着西方历史时间的渐趋世俗化，神圣感并未消失不见。神圣感以神圣权利的形式从基督教的上帝传递至统治者，然后再传递至后来变得神圣的国家，至少一直到它的神圣性受到 20 世纪史学研究新浪潮的挑战前都是如此。教科书、学校课程和历史古迹遗址是这种争议的主题，因为它们触及了这种神圣性。拆毁一座纪念碑或玷污一位民族英雄的行为，在一些人看来无异于亵渎神灵。

历史学家通常不会以发生于大约 140 亿年前的宇宙大爆炸作为历史书写的开篇，尽管如今少数人会这么做，但对地球深层历史的些许关注有助于扩大我们的视野。[2]

---

[2] 将历史往前追溯至更远的时期并进行重建的最有影响的努力见：David Christian, *Maps of Time: An Introduction to Big History* (Berkeley: University of California Press, 2011)。

我们所有人都居住于行星生态系统之中，同时也生活在不同时段里形成的更为地方化的生态系统之中。认清这一点，我们便能看清从身边的邻里关系到整个星球的不同空间尺度上的相似和差异。历史学家不会变成考古学家或人类学家，但人们对历史的看法无可避免会受到早期人类在文字发明之前就已经走出非洲等考古发现的影响。从长远看，全球化、人口迁徙甚至现代化都会表现出不同的面貌。我们需要深入而广泛的历史、具体而微的历史以及尺度和单位居于二者之间的历史，因为我们生活在一个尺度多元的世界之中，从地方到国家再到全球等等不一而足。

作为一门学科的历史学假设，人类或者至少是能够书写并因此作出记录的人类是历史的恰当主体。然而，越来越多的历史学家已经认识到，人类从来不是独自生活在这个星球之上的，也不仅仅靠着彼此的关联编织历史。人们总是与他们生活其中的环境、处在同个屋檐下的动物和机械、以及让人类得以存活但有时又造成灾祸的细菌和病原体打交道。更深刻和更广泛的时间感有助于吸引历史学家研究人类与环境、动物、机械以及疾病之间的相互作用。人类并未完全控制这些相互作用,正如飓风、流行病、无法驯化的动物和崩溃的计算机所表明的那样。环境、动物、细菌乃至机械在这个世界都有它们自己的代理;它们独立于人类而起作用,并且塑造了人类世界。这些相互作用的历史让我们认识到,人类并非宇宙的主宰,我们对地球和其他物种的漠视造成了现在必须面对的问题。

如今,各处的人们都在竞相研究这些问题。四千年前在中国很常见的大象一步步被驱赶到南方越发萎缩的栖息地,因为农民开垦土地毁坏了森林栖息地,同时因为它们对作物构成威胁而对之进行驱赶,最后还要为了象牙而围猎它们。中世纪史专家业已证明,欧洲水资源的可利用情况塑造了当地人的定居模式,并引发了他们关于财产权的冲突。对美国境内的美洲原住民展开的研究证明，17世纪末，一些部落获得马匹后的活动为当地的农业和社会造成了毁灭性影响。在向来被称为"哥伦布大交换"过程中，欧洲人对新世界的征服打开了当地与欧洲之间的植物、动物、疾病和人口大规模传输的闸门。试举一例，17世纪的全球变冷促使欧洲人寻求殖民的出路，同时也阻碍了他们在北美的早期定居尝试：例如，极端天气导致詹姆斯敦大批打算开展殖民活动的人死亡，同时，海上长途航行也变得更加危险。对整体地球时间的关注正在扩展历史分析的画布，画布上出现的图景也与我们过去熟悉的迥然有别。

尽管我们可以说，人类、海洋、马匹、飞机和梅毒病菌都占据相同的时间框架，因为人类发明的时间框架将它们尽收其中，但它们并不是以相同的方式经历时间的前进，甚至它们所体验的时间并非在前进。然而更为重要的是，古往今来的不同人类群体对时间的体验和概念化方式也各有不同。另外一个令人激动的史学研究新视角则是对时间的不同组织方式和经验方式的关注。在我们生活其中的这个全球化世界里,共时性和同步性已越发重要,但在 19 世纪末以前甚至都不存在时区的概念,时区是因为铁路的调度需要才被使用的。我们几乎无法想象煤气照明出现以前的夜晚体验、工业化之前的季节经验以及无线通信出现之前的工作经验,例如,我们对西班牙殖民以前的玛雅时间概念也完全陌生,玛雅人用象形文字记录时间的流逝。与黑格尔类似,玛雅人将时间看作某种内在真理的展开过程,但其展开方式并非某种线性序列。对他们而言,时间是由 13 段 20 年的时期组成的无休止循环;因此,历史也就成了预言,因为这个周期将永远重复。于是,过去预测了未来。[3] 不同

---

3 Nancy M. Farriss, "Remembering the Future, Anticipating the Past: History, Time, and Cosmology among the Maya of Yucatan," *Comparative Studies in Society and History*, 29:3 (July 1987): 566–93.

时间组织系统的历史表明,这些系统曾是多么偶然和易变,这也提示出,我们自己的时间组织系统也是历史的产物,且并非是普世性的。

尊重的伦理

对不同时间组织方式的研究进一步拓宽了我们从环境、动物和微生物历史中获得的视角;这些新的历史让我们能够将自己视为一个物种,而非家庭、邻里关系、城市、民族或者全球范围中的成员。这也提示了我们的局限性;人类并未也不可能独自生活在这个星球上。有朝一日,我们可能会设想过上没有其他动物存在的生活(尽管我自己无法想象离开了我家狗狗的生活),但如果没有了细菌、植物、阳光和水,我们肯定无法存活。人类与其周遭环境之关系的历史(更不用说人类彼此关系的历史)表明,对尊重的需要是人类长期生存的必要条件。

正如我们在引述黑格尔的时候看到的那样,尊重的伦理并不能转化为对历史事物的简单判断。历史涉及地方与全球、我们的历史与他者的历史、学术与通俗,乃至过去与未来组成的多重张力。我们无法克服这些张力;而只能因势利导。例如,当史家将地方史置于更广阔的背景(无论这背景为何)中考察时,它才最能令人信服。另一方面,全球史,乃至为数众多的民族史都是由数十甚至数百万或者更多的地方单位组成。民族国家有自己的机构,我们不必过度关注局部事物而对其展开研究,但可为全球史提供充分分析框架的机构却寥寥无几。例如,如果学者想要研究人权话语的全球扩散,那么,仅仅研究它在联合国甚至乃至各种非政府组织中的使用还远远不够。这种话语在众多不同国家、政府和非政府组织框架中的使用也应纳入其中。全球乃地方的多重累积。

历史学家喜欢发掘证据,还偏好从新的渠道获取证据,这意味着他们会顺着特定的路径或脉络取证,无论这种路径是总统或总理的传记,还是撒哈拉以南穆斯林非洲的图书贸易路线等。视野狭窄是一种职业风险,这种风险因为学者对专业化的需求以便在某个领域做出成绩而加剧。我的博士论文和第一本著作涉及法国两个城镇在1786年到1790年间的情况,我认为这是个大题目,因为它意味着对两个地方进行比较,尽管它们同属同一个国家且时间跨度较短。选择这个题目意味着我要深入了解当地人民的生活,这些人可能是公职人员、激愤的群众甚至新的国家警卫队成员。我查看了他们的婚约、关系网、加入俱乐部的情况乃至他们的居住地址。国别史从不会认为这些具体的个人十分重要,尽管国家的发展最终仰赖成千上万如此这般的当地人。国家和全球的历史都建立在此种地方史提供的基石之上。

我们自身的历史与他者的历史之间形成的张力同样可富有成效地提供新的洞见。每个国家或群体的历史都试图构建自身的独特性，但身份历史往往遵循类似的叙事模式：寻根问祖，克服困难的故事，指出眼前的各种挑战。关注到此前被排除在此种叙事之外的群体会扰乱世人习以为常的叙事，并导致新叙事方式的出现。冲突在定居社会中尤为激烈。国家的历史应该关注定居者还是流离失所者，抑或二者兼顾？我们应该如何对二者或者更多相关方进行刻画？澳大利亚2000年左右出现的"原住民历史之战"是个典型的例子，它表明解决之道（如果可能的话）来自各方对紧张和冲突的商讨和辩论，而非让其消失。[4]

　　我们的历史与他者的历史之间的张力也扩展到了全

4　Bain Attwood, *Telling the Truth About Aboriginal History* (Crows Nest, New South Wales: Allen & Unwin, 2005).

球层面。正如我们所见,早期西方历史的书写者总是不假思索地假定西方之于非西方的优越性,但对西方与其他地方长期互动历史的关注则揭示了别种可能性。对罗马人而言,欧洲是野蛮之地和文明的对立面。在1150年到1250年间由阿拉伯语到拉丁语的翻译运动后,欧洲人才最终将亚里士多德等希腊思想家的思想视为西方文明的源头。如今,许多史家都一致认为,1100年到1800年间世界上占主导地位的经济力量乃中国,而非欧洲。欧洲对国际贸易的浓厚兴趣,以及随之而来的跨大西洋奴隶贸易的发展,甚至可以说工业化本身都源于欧洲对东方商品的渴望:先是香料,接着(也是最重要的)是来自中国的丝绸、茶叶和瓷器,以及来自印度的印花棉布。全球范围内,无论贸易、技术、军事实力还是文化的主导优势都曾在不同地区间几度易手,未来仍将如此。

19世纪史学专业化以来,学术史和通俗史之间的紧张关系已变换了多种形式。通俗史和历史小说,比如沃尔特·斯各特（Walter Scott）的畅销作品，就曾在1789年法国大革命后的几十年里为历史著作吸引了大量读者。悖谬的是，法国的革命者们破除封建陈迹的热情实际上鼓励了人们对过去的研究，过去突然变得不那么熟悉了，当然也不再那么确定。但随后，历史学逐渐以大学为基础形成了一个专业，学术史家开始在历史辩论中将通俗史视为未充分证实、非原创和不学无术的作品。

但与此同时，科学模式在专业化中比重的增加让学术史写作变得越发晦涩难懂，乃至仅有少数学者才能看明白。随着专业化程度的提升，新的史学专著（monographs，甚至这个词听上去就很无聊）的读者日渐萎缩。以我所在的法国史领域为例，根据科学网（Web of Science）的数据，1900—1910年间发表了11篇英文书评和1篇论文。[5] 相比之下，2000年到2010年间发表的法国史英文书评和论文

5　https://webofknowledge.com.

为841篇。这个领域的著作数量会让统计数字变得更高。谁可能跟上学术界新的信息和解释？史学家选择缩小自己的视野以跟上时代。

尽管如此，学术史和通俗史之间的距离正在缩小，即便这两个领域都在不断扩大。美国历史协会的历史院系和相关组织名录中列出了175所可颁发历史学博士学位的大学和超过1.2万名历史学家。与19世纪80年代相比，作为一个学术领域的历史学已大为不同，当时露西·萨蒙被任命为瓦萨学院历史、经济和政治科学系唯一的教员；现如今，瓦萨学院仅历史系就有14名教员。但历史学家们在回首萨蒙的时代时却带着些许怀旧的情绪。萨蒙和她的同事们对中小学应该如何讲授历史有着浓烈的兴趣，外加他们自己的作品也不那么专业化，所以赢得了更为广泛的受众。历史学家们现在越发意识到自己在获得学术地位的时候所失去的是什么，越来越多的人尝试以更容易让人接受的方式写作，至少也要他们的学生更容易接受。在这种情况下，保持学术史和通俗史之间的张力似乎成了最理想的选择；一方面，历史学家们必须在专业和大学对新讯息和新解释的要求中找到出路，另一方面，他们又必须将这些知识转化为大众可接受的形式。

而平衡过去和未来这对最后的张力则为我们提出了意想不到的困难。我们想知道自己如何抵达了目前的位置，从而为未来的挑战做出更充分的准备，但我们也想了解自己曾驻足过的地方，以便与我们的家族、民族或地球本身保持时间上的连续感。很不幸，前者（塑造未来）已开始遮蔽后者（保持连续感）。但缺乏连续感的未来没有任何意义。

随着历史学科的发展，随着通俗史和大众史越发引人关注，史学的中心已经转向当代。如今，我们会认为哈佛大学所有学生必须选择罗马史课程是不可思议的。大学教授或公众对每个受过教育之人应该知道些什么毫无共识。即便在被定义为关乎一切过往的历史学科内部，现在的研究也更多关注过去一两个世纪而非更加遥远的历史。直到20世纪70年代，欧洲或美国多数渴望被视为伟大历史学家的学者写作的都是关乎国家形成之关键时期的作品，也即，要么涉及中世纪或十六七世纪的欧洲，要么与殖民时期和较早共和时期的美国相关。在法国，从15世纪的文艺复兴到大革命这段时期仍被称作"现代"，而1789年之后则被唤作"当代"，但这种区分暗示它更适合新闻业而非历史学科。19世纪史和20世纪史分别在20世纪70年代和90年代的法国蔚然成风。现如今，法国的大历史学家们和他们在英美的同行一样，更愿意书写20世纪的历史。

正如几乎所有高等教育机构的入学数据显示的，学生们更偏好选择离现在最近的历史时期的课程。尽管他们会受到魅力超凡的教师的吸引或者按照大学要求而选择古代或中世纪史，但他们仍会扎堆选报与20世纪有关的历史课程。博士论文最终也体现了这种趋势。近期,针对美国过去 120 年中的史学学位论文的研究表明,1950 年以前的学位论文更可能关注 1800 年以前的历史(涵盖所有历史领域,而不仅仅是美国史)。然而,总体上看,绝大多数学位论文关注的都是 1750—1950 年之间的某个时期。[6] 作为一个学术领域,史学因为忽视了过去发生的大部分事情而处于危急之中。

"现在主义"(Presentism)的形式多种多样,而不仅仅是对更晚近的历史的兴趣。它还表现为根据现在的规范去评判过去之人。在这个意义上,黑格尔是现在主义者,他将德国的自由概念视为所有人的圭臬,而当我们批判黑格尔不理解我们如今的世界时,我们也同样成了现在主义者。现在主义体现了历史与过去的持久张力;

---

[6] Ben Schmidt, "What Years Do Historians Write About?" (Sapping Attention, May 9, 2013). 获取地址:http://sappingattention.blogspot.com/2013/05/what-years-do-historians-write-about.html。

如果历史没有兴趣对现在说点什么,那它也会变得索然无味,因此我们需要一些现在主义,但如果我们只是从自己的观点看待过去,那也只是为历史强加了自己的观点而已。现在主义的剂量不能太过,否则它会让我们犯下时代错置的错误,也即不尊重历史。继而,过去只是成了我们的被动镜像,而非我们能够有所发现并从中学习的所在。然而,现在主义的剂量也不能太少;我们有时候不得不根据自己的价值观对过去作出判断。难道我们试图像分析随便一个政客那样分析希特勒,或者像分析寻常的政策观点那样分析他对待残疾人、犹太人、吉普赛人或斯拉夫人的方式吗?把握现在主义的尺度是个持续的挑战,唯当我们不断商讨和辩论才能有机会做出正确的抉择。

我们从过去学到了什么?于我而言,最重要的一点便是学会了对前人的尊重。即便出现了更深刻和更广泛的历史时期概念,较早的两种方法仍与我们同在,每一种方法都提供了获取历史知识的独特门径。不断全球化的文化仍需要典范，它们可在很多地方寻得，而不一定非得是希腊和罗马。吉尔伽美什（Gilgamesh）的史诗、佛陀的箴言、孔夫子的教导，以及非洲和南美洲无数部落的口头传统等等只是众多示例中的少数几个。智慧并不会因为技术变革、人口增长或职业的专业化而发生根本改变。并且，智慧可从过去之人如何面对他们的挑战中寻得。

进步可能是有问题的，但讲故事的活动——所有历史都是由这种或那种形式的故事组成——需要有始有终，因而也需要一定的连续感。并非过去的一切都需要势不可挡地导向我们为自己的故事选择的终点，但这终点会影响故事的讲述方式。解释故事结局的由来和在故事展开的过程中维持选择感之间的张力，是历史写作中最难掂量的部分。如果缺乏选择感，故事就不会激动人心，但如果选择不合逻辑，那故事也讲不通了。因此，我们仍旧需要宏大叙事，尽管它们不必是进步的故事。思考这种叙事应有的样子是一种志业，它让历史学成为一个令人心生愉悦的领域。

新的景象不断涌现。随着媒体在我们的生活中变得越发常见，历史学家们开始更加注意各种视觉再现的作用了。史学领域向来是以它和文本文件的关系来定义的，这个关注点并不会消失，但其他传递信息的方式也正受到重视。在一个并非全民识字的社会中（19世纪以前的所有社会都是如此），视觉形式发挥着重要作用：对普通百姓而言，纪念碑、队列和游行、圣物和木刻画等事物比传单、论著或官方文件更为直白易懂。同样，数字世界的到来也推动了新方法的出现。历史学家现在可以访问数秒钟就能检索到的各种大型数据库了，而且其数量只会有增无减。学者们不仅要学习如何使用它们，还要学习如何评估其可靠性。

视觉历史和数字历史等新领域的出现提醒我们，历史无法预测未来,但能从未来的变革中获益。只有我们的想象才能预测未来,直到身处未来,否则我们无法获知哪些预测是对的。但我们可以知晓过去,尽管并非过去的一切,我们也不需要时间机器就能回到过去。我们所需的只是好奇之心和了解前人如何理解彼时世界的意愿。两千多年前的罗马政治家西塞罗解释了我们需要如此这般行事的缘由:"不了解自己出生之前的历史,你就永远是个孩子。因为人之为人的价值,就存在于经由历史编织进我们祖先的生命之中。"[7]

---

[7] Peter G. Bietenholz, *Historia and Fabula: Myths and Legends in Historical Thought from Antiquity to the Modern Age* (Leiden: Brill, 1994), p. 57.

延伸阅读

近年来,历史学作为一门学科已越发具备自我意识,读者会发现市面上不乏讲述史学是什么,它曾是什么,以及它可能会成为什么的指南。尽管这些作品与日俱增,但众多历史系已经没有从哲学或历史的角度对史学学科作任何研究的要求了。历史学家往往只关注自己的研究领域的进展,因此他们也最为关心自己领域中的争论,这些领域大部分仍按照地理和时间进行划分:例如,古希腊、晚期中华帝国、美国的内战和重建或者墨西哥 20 世纪史等等。因为近期人们对全球史和迥异于西方的历史书写传统的重视,史学史研究(有时候又被称为史学方法论研究)已变得越发困难。

除了最后列出的一般性著作以外，此处列出的书目都集中于西方史写作领域。

E. H. Carr, *What is History?*, with a new introduction by Richard J. Evans (Houndmills: Palgrave, 2001).

尽管在 2001 年添加全新导言再版时已问世 40 年，但卡尔的这本小书仍然是对历史研究最生动和最富挑战的介绍之一。尤其值得注意的是书中对事实的起因、发展及其捉摸不定之性质的讨论，但最重要的是阅读此书的乐趣。

Ludmila Jordanova, *History in Practice,* 2nd edn (London: Bloomsbury Academic, 2006).

此书首次出版时，公众史才刚刚起步，这本由英国最为博学的历史学家之一写作的简明著作为历史研究和写作提供了一个通俗易懂的引导。此书在定位历史学与其他人文、社会科学之间的关系方面显得尤为出色，而且在处理十分重要但往往被人忽视的历史分期问题上也游刃有余。

John Tosh, *The Pursuit of History: Aims, Methods and*

New Directions in the Study of History, 6th edn (London: Routledge, 2015).

该书副标题说明了一切；它旨在囊括当代历史研究有关的所有内容。它明晰而深入地回顾了近期史学的所有进展。该书还为古往今来的主要史家、关键概念和术语提供了有用的侧补充介绍。

Sarah Maza, *Thinking about History* (Chicago: University of Chicago Press, 2017).

卡尔提供了一个非常棒的介绍，但此书对他的工作做出了紧跟时代的推进。作者成功且令人钦佩地解释了历史学眼下的一些争论，以及从科学史到事物史等大量出现的新方法所面临的风险。此书还对一些特定的作者及其作品有很好的把握。

Georg G. Iggers, Q. Edward Wang, and Supriya Mukherjee, *A Global History of Modern Historiography,* 2nd edn (London: Routledge, 2016).

此书可能并不完美,因为它想要做到的事情太多,但它朝着整合世界不同史学方法传统迈出了根本性的第一步。将之视为史学方法之比较的参引可能更为恰当,但它也可能激发历史写作的新思路。

前述介绍性作品的目录还可以列得很长,但其他著作也值得考虑,因为它们会讨论在历史学家之间产生强烈共鸣的特定重大问题。以下是一些创造了持久思想冲击的作品。

Joyce Appleby, Lynn Hunt, and Margaret Jacob, *Telling the Truth about History* (New York: W.W. Norton, 1994).

尽管距今已有20多年,但我将该书囊括进来的原因是它对众说纷纭的历史真相的解释尚未被更好的作品取代。我们的作品采取了中间立场,旨在反对史学上的任何绝对真理观念,同时也反对不承认任何真理的想法。简而言之,我们认为临时真理乃可预期的立场,它和该书中的众多议题一样得自我们对哲学问题的关注。

Dipesh Chakrabarty, *Provincializing Europe*: *Postcolonial*

Thought and Historical Difference (Princeton, NJ: Princeton University Press, 2000).

作者乃史学研究中废除欧洲中心主义的执牛耳者。他并非唯一这么做的人，但他的著作特别有影响力，也许原因在于他自己曾在以欧洲为中心的历史中浸淫尤深。如今他开始关注气候变化问题，这可能是我们在一般意义上处理史学问题之方法发生重要转变的标志。时间会给出答案。

Joan Wallach Scott, *Gender and the Politics of History* (New York: Columbia University Press, 1988).

如果哪本书可称得上性别史研究领域的开创性著作，此书便是。斯各特经常受到批评，因为她热情拥抱了法国思想家福柯和德里达那所谓的"后现代主义"，但她也证明了，熟练地运用这种理论可对曾经平庸的历史学科做出革新。

Stuart Hall, *Cultural Studies 1983: A Theoretical History*, edited by Jennifer Daryl Slack and Lawrence Grossberg (Durham, NC: Duke University Press, 2016).

霍尔通过将马克思主义和法国结构主义共通的批判精神相互结合而创建了如今所谓的"文化研究",他还往其中加入了一些后现代和种族因素,到那时为止的所有法国理论和马克思主义都缺乏这些维度。这些来自 20 世纪 80 年代的讲座是对 80 年代和 90 年代乃至现在激发文学学者和史学家们的各种理论争辩的精彩介绍。

如果缺少进入史学新领域的探险,那我们的延伸阅读就会显得不完整。

Iain McCalman and Paul A. Pickering, eds., *Historical Reenactment: From Realism to the Affective Turn* (Houndmills: Palgrave Macmillan, 2010).

长期被漠视的历史重演为公众创造历史的形式提出了令人着迷的问题。

Mark Elvin, *The Retreat of the Elephants: An Environmental History of China* (New Haven, CT: Yale University Press, 2004).

尽管这项引人注目的研究过于强调人与大象之间的"战

争",但作者确实试图从大象的视角出发理解发展问题。

Daniel Lord Smail, *On Deep History and the Brain* (Berkeley: University of California Press, 2008).

斯梅尔是所有历史之物真正的探索者。他在此书中坚持认为,历史学家不应再将自己局限在文字划定的时间框架或者他们的传统资源和方法之中;他主张一种将心灵-身体化学关系带入历史分析的神经史。

Peter N. Miller, *History and Its Objects: Antiquarianism and Material Culture since 1500* (Ithaca, NY: Cornell University Press, 2017).(128)

与多数史学研究不同,该书写作的方式十分个人化,它关注事物与时间。因此,该书乃进一步探索其中点到为止的一些主题的良好起点。

索　引

(页码为本书边码)

20 世纪史 twentieth-century history 110—11

DNA 检测 DNA testing 19, 31, 35

A

阿富汗，破坏纪念碑 Afghanistan, monument destruction 8

阿根廷 Argentina 51, 53—4

阿拉伯历史学家 Arabic historians 48, 49

艾哈迈迪－内贾德，马哈茂德 Ahmadi Nejad, Mahmoud 4

爱国主义 patriotism 18, 55

奥巴马，贝拉克，出生证明 Obama, Barack, birth certificate 2, 30, 31, 32

澳大利亚 Australia

　公众史学 public history 25, 28

历史教科书 history textbooks 56

历史教学 history teaching 82

悉尼大学 University of Sydney 70, 82

"原住民历史之战""Aboriginal history wars" 106

B

巴西 Brazil 28, 84

拜占庭帝国 Byzantine Empire 8

鲍尔,艾琳 Power, Eileen 67-8, 75, 76, 77

 《中世纪的人们》 *Medieval People* 76

 《中世纪英国修女院》 *Medieval English Nunneries* 76

北非,否认大屠杀 North Africa, Holocaust denial 4

波拿巴,路易斯-拿破仑 Bonaparte, Louis-Napoleon 5, 40

波拿巴,拿破仑,对其相关事实的解释 Bonaparte, Napoleon, interpretation of the facts about 38-42

博物馆 museums 1, 24

秘鲁 Peru 51

不列颠(联合王国)历史教学 Britain (United Kingdom) history teaching

 欧洲史 European history 64, 81

 全球(世界)史 global (world) history 80-2, 83, 84

小学 primary schools 83

中学教育普通证书 General Certificate of Secondary Education 81

布里登博，卡尔 Bridenbaugh, Carl 71

C

查卡拉巴提，迪佩什 Chakrabarty, Dipesh 46–8, 52

查特吉，帕尔塔 Chatterjee, Partha 51, 52

出生证明 birth certificates 2, 30, 31, 32

D

大爆炸 the Big Bang 99

大屠杀纪念博物馆（美国） Holocaust Memorial Museum (United States) 26

大象 elephants 101

大学 universities

　德国的 German 43, 63

　法国的 French 43, 63

　高等教育中的性别平等 gender parity in higher education 18

　公众史学学位 public history degrees 28

　纪念碑的毁坏 monument destruction 7

　历史演讲和历史真相 history lectures and historical truth 5

美国加利福尼亚，伯克利 United States California, Berkeley 69, 70, 71, 75

 哈佛大学 Harvard 64-5, 110

 女子学院 women's colleges 68-9, 108-9

 史学课程 history courses 108-9

 与女性 and women 15, 18, 67-9, 70

入学数字 enrollment figures 15, 17-18, 63

英国（UK）British (UK) 43, 63-4, 67-8, 70, 73-4

 华威大学 Warwick 81

 剑桥大学 Cambridge 63-4, 67, 67-8, 81

 历史系教员 history faculties 81-2

 牛津大学 Oxford 7, 63, 73

与精英史 and elite history 63-6

与欧洲历史书写 and Eurocentric history writing 43-5 50-1

大学 universities

 剑桥 Cambridge 63-4, 67

 历史教员 history faculties 81-2

 历史学家的训练 training of historians 43

 牛津大学 Oxford 7, 63, 73

 其中的女性 women at 67-8, 70

 其中的少数族裔 ethnic minorities in 73-4

与精英史 and elite history 63-4

也见英国 *see also England*

大英帝国 British Empire

尼日利亚的殖民政权 colonial authorities in Nigeria 59

与历史教科书 and history textbooks 13-14

戴维斯，娜塔莉·泽蒙 Davis, Natalie Zemon 69-70

当代史 contemporary history 110

德国 Germany

大学 universities 43, 63

公众史学 public history 25

伪造希特勒日记 Hitler diaries forgery 34-5

也见纳粹 *see also* Nazism

德国史 German history 51, 53, 58, 91

教育 teaching 74, 79

教科学 textbooks 12-13, 14

地方史 local histories 104

地球年龄 the earth, age of 98

帝国主义 imperialism

与欧洲历史书写 and European history writing 46, 47-8, 49

与印度和中国的民族主义历史学家 and nationalist historians in India and China 57

典范 exemplars 92—3, 112—13

电视，历史实景节目 television, history reality programs 25

定居社会和民族史 settler societies, and national history 106

东方 the East

 与欧洲人的货物贸易 trade in goods with Europeans 107

 与黑格尔的进步模型 and Hegel's model of progress 94

 与西方价值观 and Western values 58

东欧历史 Eastern European history 51

东京大学 Tokyo University 50—1

动物和人类生命 animals, and human life 100—1, 103

独裁政权 authoritarian governments 3—5, 86—7

对历史的阐释 interpretations in history 30, 31, 38—42, 60

多尔，罗伯特 Dole, Robert 16—17

E

俄罗斯 Russia

 大学入学 university enrollment 17

 历史教科书 history textbooks 17—18

俄罗斯历史 Russian history 51

 在美国的教学 teaching in the US 74

厄舍尔，詹姆斯 Ussher, James 98

二战 World War II 46
  犹他海滩登陆博物馆，诺曼底 Utah Beach Landing Museum, Normandy 26
  与对进步的信念 and belief in progress 96–7
  与欧洲历史教育 and European history teaching 80
  在历史教科书中 in history textbooks 11–12, 14, 15

F

法国 France
  大学 universities 43, 63
  对拿破仑崛起的解释 interpreting the rise of Napoleon 38–42
  法国君主制 French monarchy 40
  历史教科书 history textbooks 13
  路易斯－拿破仑的政变 coup of Louis–Napoleon 5
  犹他海滩登陆博物馆，诺曼底 Utah Beach Landing Museum, Normandy 26
  也见法国史；法国大革命 *see also* French history; French Revolution
法国大革命 French Revolution 56, 107, 110
  纪念碑的破坏 monument destruction 9–10
  研究 study of 91–2
  与文化史 and cultural history 78

法国史 French history 51, 53
　　地方化 localized 105
　　教学 teaching 74, 79
　　时期 periods of 110−11
　　研究 study of 91−2
　　与奴隶制 and slavery 56−7
　　与专业化 and specialization 108

法治 law, rule of 58

放射性碳测年 radiocarbon dating 35−6

非裔美国人 African Americans
　　教科书 textbooks 15, 16
　　进入史学专业 entry to the history profession 72−3
　　与美国历史 and US history 55, 60

非洲 Africa
　　与欧洲历史写作 and European history writing 45−6, 47
　　尼日利亚 Nigeria 58−9

非洲人国民大会 African National Congress (ANC) 23

非洲人国民大会 ANC (African National Congress) 23

菲茨杰拉德，F. 斯各特 Fitzgerald, F. Scott 91

佛教和日本历史 Buddhism, and Japanese history 53

佛朗哥，弗朗西斯科 Franco, Francisco 7, 19, 86

佛陀 the Buddha 113

否认大屠杀 Holocaust denial 2−4, 30−1

弗吉尼亚，殖民地威廉斯堡 Virginia, Colonial Williamsburg 25, 27

富兰克林，约翰·霍普 Franklin, John Hope 72−3

G

高等教育 higher education

 入学数据 enrollment figures 15,17−18, 111

 也见大学 *see also* universities

戈夫，迈克尔 Gove, Michael 83

"哥伦布大交换" the "Columbian Exchange" 101

哥伦布，克里斯多夫 Columbus, Christopher 36, 55

公民身份 citizenship 79, 89

 与全球史 and global history 84−5

公众史学 public history 24−9, 30, 78,110

公众史学 public history 25

古巴 Cuba 51

古代史研究 ancient history, study of 64, 65, 66, 74, 111

国际公众史学联盟 International Federation for Public History 28

国际历史教育者研究网络 HEIRNET (History Educators International Research Network) 85

国家形成的关键时期 state formation, foundational periods of 110

国王乔治三世 George III, King 8

H

哈佛学院 Harvard College 64–5, 73, 74

海明斯，莎莉 Hemmings, Sally 19

韩国和日本历史教科书 Korea, and Japanese history textbooks 11–12

荷兰 Netherlands 28

黑格尔，G. W. F. Hegel, G. W. F. 58, 97, 102–3, 104

 进步模型 model of progress 94–6

黑格尔论自由 freedom, Hegel on 95–6, 111

黑袍团 Black Robe Regiment 82–3

后殖民主义 postcolonialism 52, 78

华盛顿，乔治 Washington, George 15

华威大学 Warwick, University of 81

环境史 environmental history 89

 与尊重 and respect 103–4

 与整体地球时间 and whole earth time 89, 97–8, 100–2

回忆 memory

 公众史学和集体记忆 public history and collective memory 24–9

 与历史教学 and history teaching 87

回忆录 memoirs 24

霍尔，斯图亚特 Hall, Stuart 73

J

机器和人类生活 machines, and human life 100-1

基督教 Christianity

　教皇和君士坦丁捐赠 the papacy and the Donation of Constantine 33-4

　与纪念碑的破坏 and monument destruction 8, 9-10

　与进步的信念 and belief in progress 94

　与圣经的创世故事 and the biblical creation story 98

激光传感 laser sensing 35

吉尔伽美什的史诗 Epic of Gilgamesh 113

集体记忆和公众史学 collective memory, and public history 24-9

记忆之战 memory wars 18-24, 30

　美国 United States 20

　印度尼西亚 Indonesia 20-1

　西班牙 Spain 19-20

　真相委员会 truth commissions 21-3

记忆之战 memory wars 24

纪念碑争议 monument controversies 6-11, 30, 62, 99

加拿大 Canada 12, 28, 84

剑桥大学 Cambridge, University of 63—4

   历史教员 history faculty 81

   女子学院 women's colleges 67—8

教皇和君士坦丁的捐赠 papacy, and the Donation of Constantine 33—4

教会，纪念物的破坏 churches, monument destruction 8, 9—10

教科书 textbooks 1, 11—18, 30

   澳大利亚 Australia 56

   法国的 French 56—7

   和神圣性 and sacredness 99

   美国 United States 5—6, 14—17

   印度尼西亚 Indonesia 20, 21

阶层 class

   和进入史学专业 and entry to the history profession 71

   和美国历史教科书 and US history textbooks 15

杰斐逊，托马斯 Jefferson, Thomas 19

金里奇，纽特 Gingrich, Newt 17

进步 progress 92, 93—7, 113—14

经济和历史教学 economics and history teaching 76—7

精英历史 elite history 63—6

君士坦丁捐赠 Constantine, Donation of 33—4, 36

K

卡尔，E. H.，《历史是什么?》Carr, E. H., *What is History?* 51—2

考古学 archaeology 98, 99

科赫，艾德丽安 Koch, Adrienne 69

科学 science
    对进步的信念 and the belief in progress 94
    与历史证据 and historical evidence 35—6

克林顿，比尔 Clinton, Bill 93

空中照相 aerial photography 35

孔夫子 Confucius 113

口述史 oral history 113

    《牛津大不列颠史》*The Oxford History of Britain* 56

    牛津大学 Oxford, University of 7, 63, 73

        印度尼西亚 Indonesia 20

库克，詹姆斯 Cook, James 56

L

兰克，利奥波德·冯 Ranke, Leopold von 43—5, 50, 51, 53

里根，罗纳德 Reagan, Ronald 82

里斯，路德维格 Riess, Ludwig 50

历史的民主化 democratization of history 61, 75

历史谎言 lying about history 1, 2−6, 30, 31, 87−8

历史上的移民运动 migration in history

 与 DNA 分析 and DNA analysis 35

 也见移民运动 / 移民 *see also* immigration/immigrants

历史社群 historical societies 1, 24

历史学家 historians

 大学训练 university training of 43−5

 历史的政治 politics of history 62−88

 女性 women 62, 6−9, 69−70, 75−6

 欧洲对历史书写的影响 European influence on history writing 45−54

 少数族裔 ethnic minorities 71−4

 社会史 social history 76, 77

 文化史 cultural history 77−8

 与公众史学 and public history 27−8, 78

 与历史的真相 and truth in history 34−8, 54−8

 与历史谎言 and lying about history 4−5

 政治史 political history 6 3−5, 76−7, 78

 也见历史学科 *see also* academic discipline of history

历史学科 academic discipline of history 62—88, 100

 与时间 and time 92—103

 与通俗史 and popular history 107—9

 与现在 and the present 110—12

 专业化 specialization 91—2, 105, 108—9

 也见历史学家；大学 see also historians; universities

历史再现 historical reenactments 25—7

历史真相 truth in history 30—61

 阐释 interpretations 30, 31, 38—42, 60

 的一致性 coherence of 41, 47, 50, 54

 历史谎言 lying about history 1, 2—6

 事实 facts 30—8, 59—60

 与欧洲中心主义 and Eurocentrism 42—54

 暂时真相 provisional truths 54—61

历史真相的完整性 completeness, of truth in history 41—2, 47, 50, 54—61

联合王国见不列颠（英国）United Kingdom see Britain (United Kingdom)

脸书 Facebook 3

林肯，亚伯拉罕 Lincoln, Abraham 15

鲁格，哈罗德 Rugg, Harold 5—6

路德，马丁 Luther, Martin 58

伦敦经济学院 London School of Economics 67-8

罗伯特·E. 李将军的雕像 Lee, General Robert E., statue of 6-7, 9, 10

罗德斯，塞西尔 Rhodes, Cecil 7

罗哈斯，里卡多 Rojas, Ricardo

    《阿根廷》 *La Argentinidad* 54

    《民族主义复兴》 *The Nationalist Restoration* 53-4

罗马人 Romans 35, 106

    罗马史研究 study of Roman history 64, 74, 92-3

罗斯，E. 丹尼森 Ross, E. Denison 76

罗斯福，西奥多 Roosevelt, Theodore 15

M

马可·奥勒留，罗马皇帝 Marcus Aurelius, Roman emperor 93

马歇尔，阿尔弗雷德 Marshall, Alfred 67

玛雅人和时间 Maya people, and time 102-3

美国 United States

    博物馆 museums 24

    大屠杀纪念博物馆 Holocaust Memorial Museum 26

    《独立宣言》 Declaration of Independence 8, 19

    高等教育入学 higher education enrollments 15, 63

公众史学 public history 25

共和党全国委员会 Republican National Committee 82

国家公众史学委员会 National Council on Public History 28

国家学校历史研究中心 National Center for the Study of History in Schools 16—17

记忆之战 memory wars 24

纪念碑的破坏 monument destruction 6—7, 8

进入历史专业 entry to the history profession 70—9

 女性 women 69—70

 少数族裔 minorities 70—4

历史教学 history teaching 74—5

 不完整性 incompleteness in 55—6

 大学 universities 64—5

 欧洲史 European history 64, 66, 74, 79—80

 教科书 textbooks 5—6, 14—47

 民族史 national history 74, 82—3

 全球史 global history 80

 学校里 in schools 16—17, 65—6, 69, 82, 109

 殖民地美国的历史 colonial American history 64—5, 71

历史学学位论文 dissertations in history 111

美国人的"天定命运" "manifest destiny" of Americans 16

美洲原住民 Native Americans 55, 58, 60,101

民权运动 civil rights movement 15

内战 Civil War 14

奴隶制 slavery 14−15, 15−16, 19,20

女性与高等教育 women and higher education 15, 68−70

史密森学会展览 Smithsonian Institute exhibitions 16, 17, 19

宪法 Constitution 83

移民 immigrants 62, 80, 90

与黑格尔的进步模型 and Hegel's model of progress 94−5

与欧洲历史书写 and European history writing 45

殖民地威廉斯堡，弗吉尼亚 Colonial Williamsburg, Virginia 25, 27

也见美国历史协会；大学 see also American Historical Association; universities

美国历史协会 American Historical Association 28, 71, 72

1898 年报告 1898 report 65−6, 69

历史系和相关组织名录 Directory of History Departments and Organizations 108

美洲原住民 Native Americans

与"哥伦布大交换" and the "Columbian Exchange" 101

与美国史 and US history 55, 58, 60

米什莱，儒勒 Michelet, Jules 5

民权运动和历史教科书 civil rights movement, and history textbooks 15

民主 democracy

 与西方价值 and Western values 58

 与争论 and debate 60–1, 62

民族的 national 18, 54–55

 作为圣物的民族 the nation, as sacred 99

民族国家 nation states 62, 79, 104

民族记忆 national memories 18–24

民族身份 national identity 85

 阿根廷 Argentina 54

 的叙事 narratives of 54–5

 和历史真相 and truth in history 60

民族史 national history 74, 79, 80, 82–3

 与地方史 and local history 105

 与定居社群 and settler societies 106

民族英雄 national heroes 99

民族主义 nationalism 85

 阿根廷 Argentine 54

 中国和印度的民族主义史学家 nationalist historians in China and India 57

墨西哥 Mexico 37, 51

穆奇，大卫·萨维尔，《美国史》Muzzey, David Savile, *An American History* 55-6, 58

N

拿破仑，见波拿巴，拿破仑 Napoleon see Bonaparte, Napoleon

纳粹 Nazism 91, 92

 标志的破坏 destruction of symbols of 7

 和否认大屠杀 and Holocaust denial 3

 伪造希特勒日记 the Hitler diaries forgery 34-5

 与历史教科书 and history textbooks 12-13

南非 South Africa 84, 86

 真相与和解委员会 Truth and Reconciliation Commission (TRC) 21-3

南非的白人至上 white supremacy, in South Africa 22-3

南非的种族隔离 apartheid in South Africa 22-3

南美洲 South America

 与欧洲历史书写 and European history writing 45-6

 印加文明 Incas 50

难民 Refugees 32-3

尼日利亚 Nigeria 58-9

尼日利亚的种族 ethnicity, in Nigeria 58-9

牛顿，艾萨克 Newton, Isaac 36

奴隶制 slavery
  法国史中的 in French history 56—7
  美国 United States 14—15, 15—16, 19, 20, 31
  与黑格尔的进步模式 and Hegel's model of progress 95
  与社会／文化史 and social/cultural history 77
女性 women 66—70
  的大学教育 university education for 67—9
  历史学家 historians 62, 68—9, 69—70, 75—6
  拿破仑和其从属关系 Napoleon and the subordination of 39—40, 41—2
  投票权 voting rights 67, 68
  与黑格尔的进步模型 and Hegel's model of progress 95
  与美国历史教科书 and US history textbooks 15—16
  与社会／文化史 and social/cultural history 77
  在高等教育中 in higher education 15, 18
女性和投票权 women and voting rights 67, 68
女性史和性别史 women's and gender history 78

O

欧盟 European Union
欧洲 Europe

与东方的贸易 trade with the East 107

与黑格尔的进步模型 and Hegel's model of progress 94

欧洲的历史教学 European history teaching 64, 66, 74, 79-80, 81, 82

欧洲中心主义和历史真相 Eurocentrism, and historical truth 42-54

P

平衡过去和未来 past and future, balancing 109-15

平衡未来和过去 future and past, balancing 109-15

破坏古代遗迹 antiquities, destruction of 9

破坏偶像 iconoclasm 8

葡萄牙 Portugal 86

普京，弗拉基米尔 Putin, Vladimir 17-18

Q

气候变化 climate change 35, 101

气候史 climate history 89

去殖民化和欧洲历史书写 decolonization, and European history writing 46

全球变冷 global cooling 101

全球变暖 global warming 97-8

全球互联 global interconnections 62, 78

全球化 globalization 96, 99

全球史 global history 80−2, 83,84−5, 90−103

    与地方史 and local history 104, 105

R

人类学 anthropology 98, 99

    与史学教学 and history teaching 76−7

人权 human rights 22, 58, 104

日本 Japan

    大学教育 university education 63

    记忆之战 memory wars 24

    历史教科书 history textbooks 11−12, 14

    日本历史学家 Japanese historians 46, 50−1, 53

日本明治天皇 Meiji, Japanese emperor 53

儒家，和日本历史 Confucianism, and Japanese history 53

S

萨达姆·侯赛因 Saddam Hussein 7

萨拉查，安东尼奥 Salazar, Antonio 86

萨蒙，露西·梅纳德 Salmon, Lucy Maynard 68,69, 75−6, 77, 108−9

    《后院历史》"History in a Back Yard" 76

沙玛，西蒙，《公民》 Schama, Simon, Citizens 56

少数民族 minorities

 史学专业内 in the history profession 62, 70−4

 与进步 and progress 47−8, 52

 与美国历史教科书 and US history textbooks 15−17

现代性 modernity

 与欧洲史书写 and European history writing 47−8, 52

 与社会史 and social history 77

少数族群和历史专业 minorities and the history profession 72, 73−4

少数族裔 ethnic minorities

 历史进步中的 in the history profession 71−4

 中国史中的 in Chinese history 57

社会史 social history 76, 77, 78

社会学和历史教学 sociology and history teaching 76−7

社交媒体 social media 3

身份 identities

 与公民身份 and citizenship 89

 与集体记忆 and collective memories 29

 与文化史 and cultural history 78

 种族 ethnic 60

 也见国家身份 *see also* national identity

身份史 identity histories 105-6

神圣感 the sacred, sense of 98-9

神圣权利的统治 divine right rule 99

生态系统 ecosystems 99

圣多明各，奴隶起义（1791年）Saint-Domingue, slave uprising (1791) 56

《圣经》中的创世故事 biblical creation story 98

辻善之助 Zennosuke, Tsuji 53

时代错置 anachronism 112

时间和历史 time and history 92-103

 典范 exemplars 92-3, 112-13

 进步 progress 92, 93-7, 113-14

 平衡过去和未来 balancing past and future 109-15

 整体地球时间 whole earth time 92, 97-103

时区 time zones 102

史诗 epic poems 49-50

世界史 world history

 黑格尔的演讲 Hegel's lectures on 58

 也见全球史 *see also* global history

世界主义和全球史 cosmopolitanism, and global history 84-5

事实 facts 30-8, 59-60

的阐释 interpretations of 30, 31,38－42

　　和可资获取的最佳证据 and best available evidence 36－7

　　科学技术决定 scientific techniques to determine 35－6

　　历史谎言 lying about history 1, 2－6

　　"另类事实" "alternative facts" 31

　　文件证据 documentary evidence 31－5, 36－7

视觉历史 visual history 114

书写系统的发明 writing systems, invention of 98, 99

树木年代学 dendrochronology 35

数字建模和历史再现 digital modeling, and historical reenactments 26

数字历史 digital history 114

斯各特，沃尔特 Scott, Walter 107

苏哈托 Suharto 20,21

苏联 Soviet Union

　　纪念碑的毁坏 monument destruction 7

　　也见俄罗斯 *see also* Russia

T

塔利班 Taliban 8

泰国 Thailand 21

特朗普，唐纳德 Trump, Donald 2, 31, 32

通俗史 popular history 110
　与学术史 and academic history 107−9
投票 voting 79
土耳其 Turkey 87
土耳其人对亚美尼亚人的大屠杀（1915—1916 年）, Armenians, Turkish mass killings of (1915—1916 年) 87
托克维尔，阿列克西·德，《旧制度与大革命》Tocqueville, Alexis de, *The Old Regime and the French Revolution* 40−1

W

瓦拉，洛伦佐 Valla, Lorenzo 33−4, 43
瓦萨学院 Vassar College 68, 108−9
汪达尔主义，和纪念物的毁坏 vandalism, and monument destruction 8, 9−10
危地马拉 Guatemala 21
威尔，乔治 Will, George 17
威尔士和英国历史 Wales, and British history 56, 60
威尔逊，伍德罗 Wilson, Woodrow 68−9
微生物和人类生活 microbes, and human life 100−1, 103
维京船只 Viking ships 35
伪造的文件 forged documents 33−5

委内瑞拉 Venezuela 51

温家宝 Wen Jiabao 93

文化史 cultural history 77−8

文件证据 documentary evidence 31−5, 36−7

文兰地图 "Vinland Map" 35−6

文献学 philology 33−4, 43

X

西班牙 Spain

 纪念碑破坏 monument destruction 7

 历史记忆重建协会 Association for the Recovery of Historical Memory 20

 历史教学 history teaching 86

 内战（1936−1939 年）civil war (1936–9) 19−20

西班牙历史，在美国的教学 Spanish history, teaching in the US 74

西方优越性的观念 Western superiority idea

 与对进步的预测 and the projection of progress 93−4

 与历史真相 and truth in history 57−8, 60

 与全球史 and global history 97

 与尊重的伦理 and the ethics of respect 106−7

西利，约翰 Seeley, John 63, 64

西塞罗 Cicero 115

希腊和罗马史 Greek and Roman history

    翻译 translations of 106

    研究 study of 64, 74, 92–3

希特勒，阿道夫 Hitler, Adolf 3, 7, 112

    伪造的日记 forged diaries 34–5

夏洛茨维尔，弗吉尼亚，纪念碑的破坏 Charlottesville, Virginia, monument destruction 6–7

现代化 modernization 99

现代性 modernity

现在主义 presentism 111–12

新教改革 Protestant Reformation

    与德国史 and German history 58

    与君士坦丁捐赠 and the Donation of Constantine 34

    与偶像破坏运动 and iconoclasm 8

新教国家中的史学家 Protestant countries, historians in 44

新纳粹 neo-Nazis 6

新西兰 New Zealand 28

行星生态系统 planetary ecosystems 99

性别史 gender history 78

    也见女性 *see also* women

修昔底德 Thucydides 49

虚拟历史体验 virtual historical experiences 26, 27

叙利亚，纪念碑破坏 Syria, monument destruction 8

叙事 narratives

    历史作为 history as 49-50

    与身份历史 and identity history 106

学校和历史教学 schools and history teaching

    民族史 national history 79

    在美国 in the United States 16-17, 65-6, 69, 82,109

    在英国 in Britain 81, 83

    也见教科书 *see also* textbooks

Y

亚当斯，查尔斯·K. Adams, Charles K. 45

亚当斯，亨利 Adams, Henry 65

《圣·米歇尔山和沙特尔》（亚当斯）*Mont St. Michel and Chartres* (Adams) 65

亚里士多德 Aristotle 106

亚洲 Asia

    与黑格尔的进步模型 and Hegel's model of progress 94, 95

    与美国 and the United States 80

与欧洲历史书写 and European history writing 45-6, 47

　　也见东方 *see also* the East

研讨班的历史教学 seminars, history teaching in 44-5

耶鲁大学 Yale University 7

一战 World War I

　　参观历史遗址的游客 visitors to historical sites 26, 27

　　与对进步的信念 and belief in progress 96

　　与欧洲历史教学 and European history teaching 80

　　在历史教科书中 in history textbooks 12

伊本·卡兰尼西 Ibn al-Qalānisī 48

伊拉克 Iraq 7

伊朗 Iran 4

伊斯兰教 Islam

　　穆斯林历史学家 Muslim historians 48, 49

　　伊斯兰激进分子与纪念物的破坏 Islamic militants and monument destruction 8

　　伊斯兰教士联合会 NU (Nahdlatul Ulama) 21

　　印度莫卧儿王朝 Mughals in India 57

移民 immigrants 81

移民运动／移民 immigration/immigrants 81, 99

　　美国 United States 62, 80, 90

遗址 heritage sites 1

艺术和纪念物的毁坏 art, and monument destruction 10

意大利史 Italian history 74

因卡塔自由党 IFP (Inkatha Freedom Party) 23

阴谋论 conspiracy theories 32

印度 India 57, 76, 107

印度的印度教民族主义者 Hindu nationalist in India 57

印度尼西亚 Indonesia 20–1, 50

英国 England

    不列颠史中的 in British history 56

    国家遗产名录 National Heritage List 34–5

    也见不列颠 see also Britain

英国身份与历史教科书 British identity, and history textbooks 13–14

英国史 British history

    教学 teaching 79

    完整性 completeness of 56, 60

英国史 English history

    教学 teaching 51, 64, 66, 74

犹太人 Jews

    进入史学行业 entry to the history profession 71

    与美国历史教科书 and US history textbooks 15, 16

与现在主义 and presentism 111

原子弹 atomic bomb 16, 96−7

约翰逊，萨缪尔，《约鲁巴人的历史》Johnson, Samuel, *The History of the Yorubas* 59

约维克维京中心 Jorvik Viking Centre 26−7

陨石的辐射测年 meteorites, radiometric dating of 36

Z

暂时真相 provisional truths 54−61

造访历史遗迹 historical sites, visits to 24−5, 26−7

战争的历史再现 battles, historical reenactments of 25

传记 biographies 24

真相委员会 truth commissions 21−3

真相与和解委员会 TRC (Truth and Reconciliation Commission) 21−3

整体地球时间 whole earth time 92, 97−103

政治家 politicians

    历史谎言 lying about history 2−6, 30

    尼日利亚的 in Nigeria 58−9

    与美国历史教科书 and US history textbooks 16−17

政治史 political history 63−5, 76−7, 78

殖民主义 colonialism

与法国史 and histories of France 56−7

　　与历史教科书 and history textbooks 13−14

　　与欧洲历史书写 and European history writing 47−8, 49, 51

　　与种族 and ethnicity 59

　　与整体地球时间 and whole earth time 101−2

　　殖民建制中的官方文件 official documents in colonial settings 37

智利 Chile 51

中东政府，对大屠杀的否认 Middle Eastern governments, Holocaust denial 3−4

中国 China 76

　　历史教学 history teaching 84

　　民族主义历史学家 nationalist historians 57

　　南京大屠杀（1937 年）Nanjing massacre (1937) 11

　　与日本历史教科书 and Japanese history textbooks 11−12

中国历史学家和欧洲的历史书写 Chinese historians, and European history writing 46, 48, 49

中世纪欧洲定居者 medieval European settlements 101

中世纪史的大学教学 medieval history, university teaching of 64, 65, 74, 75, 111

种族灭绝 genocide 87

种族身份和历史的真相 ethnic identity, and truth in history 60

资本主义 capitalism 96

宗教 religion

 的历史证据 historical evidence about 36

 与纪念碑的毁坏 and monument destruction 8, 9−10

 尊重，的伦理 respect, ethics of 103−15

 也见基督教；伊斯兰教 *see also* Christianity; Islam

尊重的伦理 ethics of respect 103−15

作为历史主题的人类 humans, as the subject of history 100